ヒチョル式
→→ **超簡単ハングル講義** ←←

1日で
ハングルが
書けるように
なる**本** 改訂版

チョ・ヒチョル＝著

Gakken

は　じ　め　に

> アンニョンハセヨ

　韓国語を読みたいと思ったものの難しいと感じるのがハングル文字。慣れていなければ、「○」「□」「｜」の組み合わせのように見え、いずれも似たり寄ったりとなってしまいます。私が日本語の仮名を習ったときも同じような経験をしたのでわかります。ひらがなの「あ」と「お」、カタカナの「シ」と「ン」の区別はなかなか難しかったです。

　そんな一見難しいと感じてしまうハングル文字を身近に感じてもらいたいという思いで考え出したのが"ヒチョル式メソッド"です。韓国語テキストのジャンルでベストセラーになっている拙著の『1時間でハングルが読めるようになる本』のように、ハングル文字を形で覚えて、1日で書けることを目標にしています。

　本書は、書き方がわかるのはもちろん、実際、街でよく見かける看板や商品、本、広告などを紹介し、多様な字体に触れることができます。じつはハングル文字は

デザイン性が高いため、同じ文字が書かれていても同じに見えず読めないなんてことも多いです。そのためにも、実際に使用されている文字を見ていくことが、"生きたハングル文字"を読む一番の近道だと思っています。

また今回のリニューアルで、習ったハングル文字をくり返し書いて覚えられるように、書き込みができる練習問題を多数載せています。形で覚える独自の方法と、くり返し書くことによって、自然と身についていくに違いありません。

読み書きができるようになれば、韓国語の勉強はもちろん、韓国への旅行やK-POPなどのエンタメに触れたりする際の楽しみがもっともっと広がるはず。韓国人の友だちや憧れのアイドルなどに手紙を渡すことも夢ではありませんし、SNSを見るのももっと楽しくなると思います。

読者のみなさんが本書を通じてハングルの読み書きをマスターされることを心からお祈りします。

チョ・ヒチョル

目次

本書の特長と使い方

1日の学習でハングル文字を楽しみながら書くことができるようになる

本書にじっくり1日つき合っていただければ、必ずハングルが書けるようになるはずです。自信を持って挑戦してみましょう。0時間目～8時間目まで、もちろん復習の必要はありますが、各時間はそれぞれ無理のない学習量にしました。

形から連想するヒチョル式メソッドだから、効率的に身につく

ただひたすら書くだけの一般的なドリルとは異なり、『1時間でハングルが読めるようになる本』のヒチョル式メソッドを採用。ハングル文字の形から読み方を連想できるやり方と書き込み式ドリルを組み合わせ、楽しく覚えられるようにしてあります。実際に書き込みをしながら学習してください。

街の看板や商品のパッケージなどを数多く掲載

本書には、韓国の街やスーパー、看板や商品パッケージなどの写真をたくさん掲載しています。「机上の空書(?)」ならぬ、生きている文字に触れながら書く練習ができるようにしました。ハングル文字は書体によって見え方が違うものもあるので、さまざまな書体やデザインに触れることで、よりハングル文字を理解しやすくなると思います。実際に街で見かければ大変おもしろく感じるはずですし、より実践的な勉強ができます。

以降の学習に役立てるために、「ハングル検定5級」の基本的な単語からチョイス

初心者の方でも簡単に取り組むことができるよう、また学習をすでにはじめた方も復習として利用できるよう、単語はおもに「ハングル検定5級」から選びました。そして、数多くの講義経験から、「自分の名前をハングルで書く」というテーマを最初に配置しました。また、巻末ではメッセージカードの書き方を紹介。旅行などさまざまな場面でコミュニケーションの一助になるはずです。

ハングルの書体について

下記の色丸の部分のような違いは、書体が違っているだけで同じ文字です。

ㅇ=ㅇ　ㅈ=ㅊ　ㅊ=ㅊ　ㅎ=ㅎ　ㅏ=ㅏ

0 時間目

自分の名前を
ハングルで
書こう

自分の名前を
ハングルで書いてみよう!

　まず、ハングル文字に親しむために P10 の表（仮名のハングル表記法）を見て、自分の名前をハングルで書いてみましょう。**仮名の1文字はハングルでも1文字なので、1字ずつ当てていけばいいのです。**まず、例を見ながら簡単にルールと書き方を説明します。

① 自分の名前を「姓」と「名」に分けて書く。

例） 高橋｜景子
　　タカハシ　ケイコ

　　　山田｜金太郎
　　　ヤマダ　キンタロウ

② 「仮名のハングル表記法」を見ながら、1字ずつ書き写す。

	姓				名		
漢字	高橋				景子		
仮名	タ	カ	ハ	シ	ケ	イ	コ
ハングル	다	카	하	시	게	이	코
	語頭	語頭以外			語頭	語頭以外	

下の名前の最初の文字は語頭扱いだね

　「カ行、タ行、キャ行、チャ行」は語頭と語頭以外では表記が違うので注意しましょう。

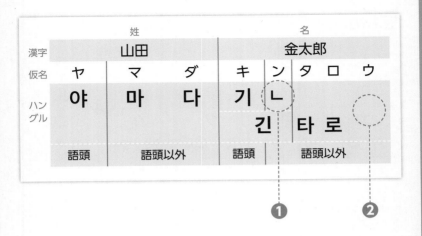

あれ？ 「ン」と「ウ」は、1字ずつ当てはめていないですね。

❶促音「ッ」は「ㅅ」、撥音「ン」は「ㄴ」で表記します。そして直前の文字の下にくっつけて1文字とします。

例）

サッポロ　　　　**カンダ**
삿포로　　　　　**간다**
（札幌）　　　　　（神田）

❷長母音は特に表記しません。ローマ字で書くときと同じと思えばOKです。「金太郎」の場合、ローマ字表記だと「Kintaro」ですね。

例）

オータ ジロー　　**トーキョー**　　　**ニッコー**
오타 지로　　　　**도쿄**　　　　　　**닛코**
Ota Jiro　　　　　Tokyo　　　　　　Nikko
（太田 次郎）　　　（東京）　　　　　（日光）

仮名のハングル表記法　a…語頭　b…語頭以外

ア 아	イ 이	ウ 우	エ 에	オ 오
カ _a _b 가 카	キ _a _b 기 키	ク _a _b 구 쿠	ケ _a _b 게 케	コ _a _b 고 코
サ 사	シ 시	ス 스	セ 세	ソ 소
タ _a _b 다 타	チ _a _b 지 치	ツ 쓰	テ _a _b 데 테	ト _a _b 도 토
ナ 나	ニ 니	ヌ 누	ネ 네	ノ 노
ハ 하	ヒ 히	フ 후	ヘ 헤	ホ 호
マ 마	ミ 미	ム 무	メ 메	モ 모
ヤ 야		ユ 유		ヨ 요
ラ 라	リ 리	ル 루	レ 레	ロ 로
ワ 와				ヲ 오
ッ ㅅ				ン ㄴ

「훗、똣、삿」のように前の文字の下にくっつけて表記

「인、간、만」のように前の文字の下にくっつけて表記

10

ガ 가	ギ 기	グ 구	ゲ 게	ゴ 고
ザ 자	ジ 지	ズ 즈	ゼ 제	ゾ 조
ダ 다	ヂ 지	ヅ 즈	デ 데	ド 도
バ 바	ビ 비	ブ 부	ベ 베	ボ 보
パ 파	ピ 피	プ 푸	ペ 페	ポ 포

キャ ⓐ갸 ⓑ캬	キュ ⓐ규 ⓑ큐	キョ ⓐ교 ⓑ쿄
シャ 샤	シュ 슈	ショ 쇼
ジャ 자	ジュ 주	ジョ 조
チャ ⓐ자 ⓑ차	チュ ⓐ주 ⓑ추	チョ ⓐ조 ⓑ초
ニャ 냐	ニュ 뉴	ニョ 뇨

ヒャ 햐	ヒュ 휴	ヒョ 효
ビャ 뱌	ビュ 뷰	ビョ 뵤
ピャ 퍄	ピュ 퓨	ピョ 표
ミャ 먀	ミュ 뮤	ミョ 묘
リャ 랴	リュ 류	リョ 료

練習❶ P8 ～ 9 の「例)」と同じように、P10 の「仮名のハングル表記法」を見ながら自分の名前を書いてみましょう。

姓

漢字		
仮名		
ハングル	語頭	語頭以外

名

漢字		
仮名		
ハングル	語頭	語頭以外

練習❷　次の人名や地名をハングルで書いてみましょう。

(1) 山田太郎

仮名	
ハングル	

(2) 北海道

仮名	
ハングル	

(3) 最寄りの駅名

仮名	
ハングル	

(4) 好きな人の名前

仮名	
ハングル	

解答　(1) 야마다 다로　(2) 홋카이도

13

自分の名前を
分解してみよう！

ハングル文字はパーツとパーツの組み合わせなので、分解すること
ができます。

神田あやか（カンダアヤカ）という名前のハングル文字をさらに細
かく見てみると……。

「神田　あやか」→「カンダ　アヤカ」→「간다 아야카」ですね。

カ	ン	ダ		ア	ヤ	カ	
간		**다**	**아**	**야**	**카**		
ㄱ	ㅏ	ㄴ	ㄷ	ㅏ	ㅇ	ㅏ	ㅇ	ㅑ	ㅋ	ㅏ
k	a	n	d	a	-	a	-	ya	k	a

このように、分解すればローマ字と同じように子音・母音をそれぞ
れのパーツが表していることがわかりますね。

日本語だと「ア、カ、サ、タ」といった仮名は子音と母音を区別し
ないでひとまとまりで表す文字（音節文字）です。また、「a、b、c」
といったアルファベットは仮名と違ってひとまとまりではなく、子音
と母音が別々の文字（音素文字）になっています。

それに比べて**ハングルは、日本語のようにひとまとまりずつの文字**
としても成り立ち、また、ローマ字のように別々の文字に分けること
もできる変幻自在の文字というわけなんですね。

ローマ字	仮名	ハングル
ka	**カ**	**가**

k / a
子音 / 母音

仮名はこれ以上分けられない

ㄱ / ㅏ
子音 / 母音

　さらに今度は、分けてみた名前の子音文字と母音文字に注目してみましょう。小波須恵（コナミスエ）という名前を例にしてみます。

「小波　須恵」→「コナミ　スエ」→「고나미　스에」となります。

コ	ナ	ミ	ス	エ
고	**나**	**미**	**스**	**에**
ㄱ ㅗ	ㄴ ㅏ	ㅁ ㅣ	ㅅ ㅡ	ㅇ ㅔ
k o	n a	m i	s u	- e

黒字が子音、赤字が母音です。

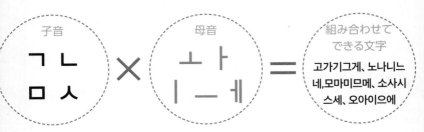

子音
ㄱ ㄴ
ㅁ ㅅ

×

母音
ㅗ ㅏ
ㅣ ㅡ ㅔ

=

組み合わせてできる文字
고가기그게、노나니느네,모마미므메、소사시스세、오아이으에

　というように、ハングル文字は芋づる式にどんどん組み合わせていくことができるのです。つまり、子音と母音をうまく覚えていけば、その組み合わせで、読んだり書いたりすることができる文字も増えていきます！

練習❶　自分の名前のハングルを、子音と母音に分解して書いてみましょう。

姓

名

※名前に「サッ」や「シン」のように「ッ」や「ン」が含まれていたら、右の例のように下段の2マス分で3字に分解してください。

練習❷　日本の地名です。文字をなぞって読んでみましょう。

(1)
우에노

(2)
신주쿠

解答　(1) ウエノ（上野）　(2) シンジュク（新宿）

1 時間目

「ア、イ、ウ、
エ、オ」
の母音

「ア、イ、ウ、エ、オ」の母音文字を覚えよう!

ハングル文字を見たときの感想を聞くと……

丸 ⇨ ◯ と、四角 ⇨ □ と、棒 ⇨ │ ……と言われます。

そう、確かにハングルは、**丸**（아、이、우、에、오）と**四角**（마、미、무、메、모）と**棒**（가、니、도、러）が目立ちますね。

0時間目で見た名前の中にもいくつかの母音文字がありましたね。それをとっかかりとして、母音を覚えていきましょう。

それでは、さっそく、○のついた文字から見てみましょう!

左か上に「○」がついていれば母音

아 이 우 에 오

単母音とは日本語の「ア、イ、ウ、エ、オ」にあたる母音のことを指す

　ハングルの母音を表す文字はいずれも左か上に、「○」をつけます。読めないとしても文字の形から母音であることがわかりますね。

日本語の母音は「ア、イ、ウ、エ、オ」の5つです。一方、**韓国語の母音は「ア (아)、イ (이)、ウ (우、으)、エ (에、애)、オ (오、어)」の8つ**があります。

　つまり、日本語の母音「ウ、エ、オ」にあたる母音はそれぞれ2種類ずつあるわけです。

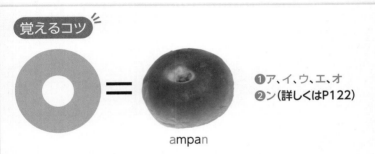

覚えるコツ

○ ＝ 　ampan

❶ア、イ、ウ、エ、オ
❷ン(詳しくはP122)

「○」の文字はあんパンの形に似ているから、あんパンの「ア」、つまり「❶ア、イ、ウ、エ、オ」と覚えましょう。また、パッチムといって、文字の下に「○」がつくときはあんパンの「❷ン [ŋ]」と発音します。こちらはのちほど説明します。

아이
アイ(子ども)

> 母音の文字はひとめでわかる。いずれも丸と棒の組み合わせ

まずは、8つの母音文字を一覧表で見てみましょう。母音だけの文字を書くときは、左か上に「○」をつけて書きます。

	ハングル		発音記号	発音
ア	❶아		[a]	日本語の「ア」より やや口を大きく
イ	❷이		[i]	口を横に引いて 日本語の「イ」
ウ	❸우		[u]	唇を丸めて、前に 突き出しながら「ウ」
	❹으		[ɯ]	口を横に引いて「ウ」
エ	❺에		[e]	日本語の「エ」と ほぼ同じ
	❻애		[ɛ]	日本語の「エ」よりも 口を大きく開けて「エ」
オ	❼오		[o]	唇を丸くすぼめて、 前に突き出して「オ」
	❽어		[ɔ]	日本語の「ア」の 口の形で「オ」

「エ」の「❺ㅔ」と「❻ㅐ」の発音の区別は、韓国でもなくなったので気にしなくてもOK!

書き順を見ていきましょう！

아	이	우	으
ア	イ	ウ	ウ
[a]	[i]	[u]	[ɯ]

에	애	오	어
エ	エ	オ	オ
[e]	[ε]	[o]	[ɔ]

　ハングルの書き順の基本は、**上から下、左から右**です！
「〇」の書き方は数字の「0」と同じように反時計回りに書きます。
また、書体によっては「〇」のように上に点がありますが、手書き
のときはつけなくてもいいです。

練習❶　次のハングルを読みながら、書いてみましょう。

아	이	우	으	에	애	오	어
ア	イ	ウ	ウ	エ	エ	オ	オ
[a]	[i]	[u]	[ɯ]	[e]	[ɛ]	[o]	[ɔ]

	아	이	우	으	에	애	오	어
1	아	이	우	으	에	애	오	어
2	아	이	우	으	에	애	오	어
3	아	이	우	으	에	애	오	어
4								
5								
6								
7								
8								
9								
10								

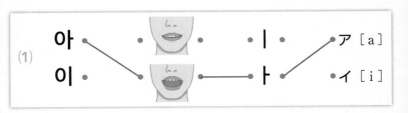

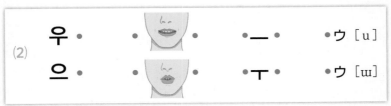

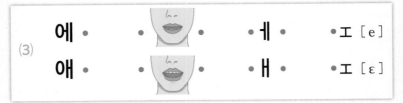

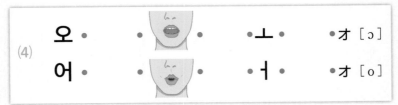

練習❷　次の文字を線で結びましょう。

解答

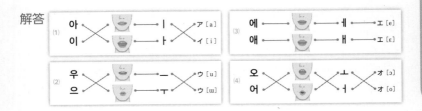

さて、ザーッと書いて練習してきましたが、これらの母音文字には簡単な覚え方があります。順に見ていきましょう。

覚えるコツ

어 オ[ɔ]　아 ア[a]

左オ、ア右
(ひだり or みぎ)

縦の棒に左に点があれば「オ」、右に点があれば「ア」。これを「左 or（オア）右」、つまり左点（어）は「オ」、右点（아）は「ア」と覚えましょう！　発音は、両方とも大きく口を開けます。

覚えるコツ

이 イ[i]　으 ウ[ɯ]

マルイのイ　「이」はかの有名なデパートのマルイの「○이」と同じですね。この文字は「マルイのイ」と覚えましょう

縦イ、ウ横
(たて　言う　よこ)

縦の棒「ㅣ」は「マルイのイ」の法則だから「イ」、また、横の棒「—」は「ウ」です。「縦言う（イウ）横」と覚えたらいいでしょう。発音するときは、ともに日本語の「イ」と同じ口構えです。「으（ウ）」も文字と同じく唇を横に引っ張る音です。

覚えるコツ

에 エ[e]　애 エ[ε]

エイチのエ

「애」の「ㅐ」はアルファベットのH（エイチ）に似ていますね。
これは「エイチのエ」と覚えましょう。「에」の「ㅔ」も「ㅐ」に
似ているから同じく「エイチのエ」でいいでしょう。日本語の
「エ」の発音と同じでOKです。

覚えるコツ

오 オ[o]　우 ウ[u]

> 「文字の形が似ていると口構えも似ている。つまり
> 口構えが似ていると文字の形も似ている」ってこと

上オ、ウ下
（うえ　追う　した）

横棒の上に点（ㅗ）があれば「オ」、下に点（ㅜ）があれば「ウ」。
これを「上追う（オウ）下」、つまり上点は「オ」、下点は「ウ」と
覚えましょう！　両方とも口を丸くして発音しますよ！

　大きな文字で書いてある「左オ、ア右」「縦イ、ウ横」「エイチの
エ」「上オ、ウ下」を何度もくり返して唱えてみましょう。不思議と
頭に入るはずです！

練習❸ 次の広告や看板から読める文字を見つけて書いて読んでみましょう。

(1)

(2)

(3)

(4)

(5)

에너지

(6)

解答　(1)アイス(아이스 アイス)　(2)ヨンオ(영어 英語)
(3)オッパ(오빠 お兄さん)　(4)レインボウ(레인보우 レインボー)
(5)ウラッチャチャ(으랏차차 ヨイショ)　(6)エノジ(에너지 エネルギー)
※赤字のハングルだけ読めれば、正解です。

練習❹　次の文字を線で結びましょう。

ア	イ	ウ	エ	オ

이	으	우	아	오	어	에	애

解答

練習❺　次の単語を線で結びましょう。

アイ・　　　　・오이

オイ・　　　　・아이

アウ・　　　　・에이

エイ・　　　　・아우

解答

アイ ——— 오이
オイ ╳ 아이
アウ ╳ 에이
エイ ——— 아우

意味は、오이（きゅうり）、아이（子ども）、에이（アルファベットの「A」）、아우（弟、妹）。

27

練習❻　次の地名や人名にあたるハングルを書きましょう。

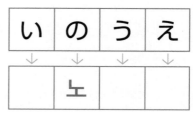

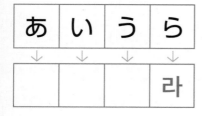

解答　あおもり 아오모리　うおぬま 우오누마
　　　うえの 우에노　　　いのうえ 이노우에
　　　あいうら 아이우라　あいおい 아이오이

練習 7　　次の単語を読みながら、書いてみましょう。

(1)
이 ＿＿＿＿＿　＿＿＿＿＿　＿＿＿＿＿
イ（歯、二（2）、この ）

(2)
에어 ＿＿＿＿＿　＿＿＿＿＿　＿＿＿＿＿
エオ（エアー）

(3)
아이 ＿＿＿＿＿　＿＿＿＿＿　＿＿＿＿＿
アイ（子ども）

(4)
아우 ＿＿＿＿＿　＿＿＿＿＿　＿＿＿＿＿
アウ（弟、妹）

(5)
오이 ＿＿＿＿＿　＿＿＿＿＿　＿＿＿＿＿
オイ（きゅうり）

ハングルの構造

　0時間目で、自分の名前を書いてみてわかったと思いますが、日本語の場合「ア、イ、ウ、エ、オ」の母音を除いた文字はいずれも、「カ［ka］」、「サ［sa］」、「タ［ta］」などのように、子音と母音の組み合わせからできています。ただし、カタカナやひらがなの場合、文字の上では子音と母音を分けることができません。

　ハングルの「아［a］」「가［ka］」「사［sa］」「다［ta］」のように、左に子音を表す「ㅇ」、「ㄱ」、「ㅅ」、「ㄷ」という文字と、右に母音を表す「ㅏ」という文字の組み合わせからできています。

　つまり、ハングル文字は**子音と母音のパーツを組み合わせて一つひとつの文字をつくっていく**システムなのです。

　ハングルの文字の組み合わせには①**子音＋母音**と②**子音＋母音＋子音**の2つがあります。さらに、それらの母音は「ㅏ、ㅑ、ㅓ、ㅕ、ㅣ、ㅐ、ㅒ」などのように子音の右にくるものと、「ㅗ、ㅛ、ㅜ、ㅠ、ㅡ」などのように下にくるものがあります。

　それでは実際使われる文字から、ハングルの組み合わせを見てみましょう。

❶子音＋母音

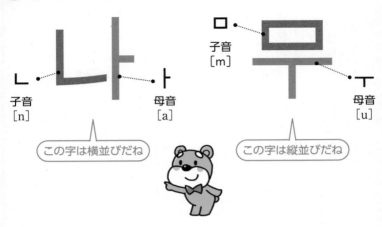

子音
[n]

母音
[a]

子音
[m]

母音
[u]

この字は横並びだね

この字は縦並びだね

❷子音＋母音＋子音

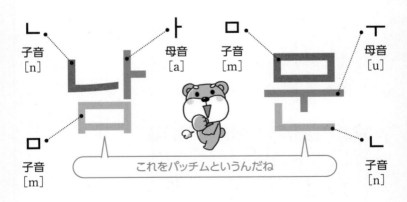

子音
[n]

母音
[a]

子音
[m]

母音
[u]

子音
[m]

子音
[n]

これをパッチムというんだね

文字の最初の子音を初声、次の母音を中声、そして母音の次にくる子音を終声といいます。また、「終声」のことをパッチム（받침）ともいいます。

1 안녕하세요? アンニョンハセヨ？

こんにちは！（おはようございます、こんばんは）

2 안녕하십니까? アンニョンハシムニッカ？

こんにちは！（おはようございます、こんばんは）
※1よりかしこまった表現です

3 만나서 반갑습니다. マンナソ パンガプスムニダ

お会いできてうれしいです。

4 다나카입니다. タナカイムニダ

田中です。

5 잘 부탁합니다. チャル プタカムニダ

よろしくお願いします。

韓国の伝統的な農楽
（スウォンの民俗村）

2 時間目

→

ヤ行・ワ行
の母音、
二重母音

ヤ行の母音文字を覚えよう!

ハングルでは、ヤ行の音も母音として扱います。前回、8つの母音を覚えましたね。8つの母音のうち、6つの母音には上や下、または右や左に点がついていました。そこにもうひとつ点のついた形、つまり**点々がついている文字**はいずれも「**ヤ、ユ、ヨ**」の発音を表します。

아
ア[a]

> 縦棒の右に点がひとつ

야
ヤ[ya]

> 縦棒の右に点が2つ。つまり、点々

오
オ[o]

> 横棒の上に点がひとつ

요
ヨ[yo]

> 横棒の上に点が2つ。つまり、点々

覚えるコツ

点々の心は「ヤ」「ユ」「ヨ」

ㅑ ㅕ　ㅛ ㅠ　　 ㅖ ㅒ

このように、母音文字に点々があったらヤ行の音です。「点々の心は
ヤユヨ」と覚えましょう。点がある母音「ㅏ（ア）、ㅓ（オ）、ㅗ
（オ）、ㅜ（ウ）、ㅔ（エ）、ㅐ（エ）」のみ、点が2つつく形が存在
します。

ア [a]	イ [i]	ウ [u]	[ɯ]	エ [e]	[ɛ]	オ [o]	[ɔ]
아	이	우	으	에	애	오	어
야	-	유	-	예	얘	요	여
ヤ [ya]	-	ユ [yu]	-	イェ [ye]	[yɛ]	ヨ [yo]	[yɔ]

「아、어」などが読めれば、当然、「야、여」なども読めるってこと

	ハングル		発音記号	発音
ヤ	야		[ya]	「ヤ」と同じように発音する
ヨ	여		[yɔ]	「ヤ」の口構えで「ヨ」と発音する
	요		[yo]	唇を丸くすぼめて、「ヨ」と発音する
ユ	유		[yu]	唇を丸めて、前に突き出しながら「ユ」と発音する
イェ	예		[ye]	「イェ」と同じように発音する
	애		[yɛ]	「イェ」よりも口を大きく開けて発音する

「얘」は「예」と同じように「イェ」と発音してもかまいません

練習❶　次のハングルを読みながら、書いてみましょう。

야	여	요	유	예	애
ヤ [ya]	ヨ [yɔ]	ヨ [yo]	ユ [yu]	イェ [ye]	イェ [yɛ]

	야	여	요	유	예	애
1	야	여	요	유	예	애
2	야	여	요	유	예	애
3	야	여	요	유	예	애
4						
5						
6						
7						
8						
9						
10						

練習❷　次の文字を線で結びましょう。

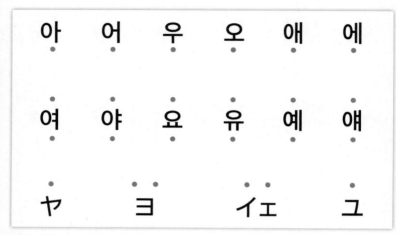

| 아 | 어 | 우 | 오 | 애 | 에 |

| 여 | 야 | 요 | 유 | 예 | 얘 |

| ヤ | ヨ | | イェ | | ユ |

解答

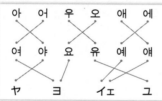

練習❸　空欄を埋めましょう。

아		오		에	
ア[a]	オ[ɔ]	オ[o]	ウ[u]	エ[e]	エ[ɛ]

야	여		유		얘
ヤ[ya]	ヨ[yɔ]	ヨ[yo]	ユ[yu]	イェ[ye]	イェ[yɛ]

解答　아 어 오 우 에 애
　　　야 여 요 유 예 얘

練習④　次の単語を線で結びましょう。

ヨユ・	・예
イェ・	・여유
ヨヨ・	・여야
ヨヤ・	・요요

解答

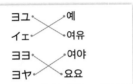

意味は、예(はい)、여유(余裕)、여야(与野党)、요요(ヨーヨー)。

練習⑤　次の単語を読みながら、書いてみましょう。

(1)

우유
ウユ(牛乳)　　____　____　____

(2)

이유
イユ(理由)　　____　____　____

39

(3) **여우**

ヨウ（キツネ）

(4) **유아**

ユア（幼児）

(5) **요요**

ヨヨ（ヨーヨー）

 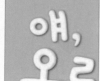

(6) **예**

イェ（はい）

(7) **애**

イェ（ほら）

ダブル母音(ワ行)の文字を覚えよう!

　韓国語の母音の文字の中には、「오 [o] + 아 [a] = 와 [wa]」「우 [u] + 어 [ɔ] = 워 [wɔ]」という具合に、2つの母音の文字が合体した合成母音というものがあります。それをこの本では**「ダブル母音」**と呼びます。

　「ダブル母音」はいずれも最初の発音の「오 [o]」や「우 [u]」が**ダブリュー [w] に変わります。**日本語ではワ行、ハングルではこれも母音として扱います。

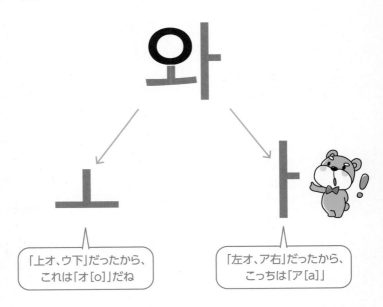

「上オ、ウ下」だったから、これは「オ[o]」だね

「左オ、ア右」だったから、こっちは「ア[a]」

　この2つの母音が合体してるってことは、「オア [oa]」ではなく、前の音が [w] に変わるので「ワ [wa]」と読むよ。

覚えるコツ

ダブル母音だから
ダブリュー[w]

このようにざっくりと覚えてください。母音がダブルであるということは、発音がダブリュー[w]の音になるってことです！　ダブル母音の最初の「ㅗ[o]」も「ㅜ[u]」も、いずれも発音が[w]に変わります。

画数が多そうに見えますが、2つの母音を組み合わせただけ！

와	외	왜	워	위	웨
ㅗ+ㅏ=ㅘ	ㅗ+ㅣ=ㅚ	ㅗ+ㅐ=ㅙ	ㅜ+ㅓ=ㅝ	ㅜ+ㅣ=ㅟ	ㅜ+ㅔ=ㅞ
ワ	ウェ	ウェ	ウォ	ウィ	ウェ
[wa]	[we]	[wɛ]	[wɔ]	[wi]	[we]

「외[we]」「왜[wɛ]」「웨[we]」は、いずれも「ウェ」と発音すればいいです。あまり区別しないでOK

　この表の中で、「ㅗ[o]＋ㅣ[i]」の「ㅚ」だけは、前の音が[w]に変わるだけでなく、うしろの音も[e]に変化します。

練習❶　次のハングルを読みながら、書いてみましょう。

와	외	왜	워	위	웨
ワ [wa]	ウェ [we]	ウェ [wɛ]	ウォ [wɔ]	ウィ [wi]	ウェ [we]

1
| 와 | 외 | 왜 | 워 | 위 | 웨 |

2
| 와 | 외 | 왜 | 워 | 위 | 웨 |

3
| 와 | 외 | 왜 | 워 | 위 | 웨 |

4

5

6

7

8

9

10

練習❷　次の文字を線で結びましょう。

| ワ | ウォ | ウェ | ウィ |

| 워 | 와 | 웨 | 위 | 왜 | 외 |

解答

練習❸　次の単語を線で結びましょう。

ウィ	・	・웨어
ウェヨ	・	・위
ウェオ	・	・왜요

解答

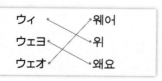

意味は、웨어(ウェア)、위(上)、왜요(なぜですか)。

練習❹　次の空欄にハングルを書いてみましょう。

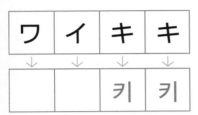

※「ウィークリー」(毎週の)のこと。
ハングルでは長音は表記しません。

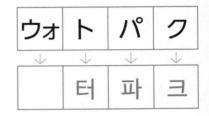

解答　ワイキキ 와이키키(ワイキキ)　ウィクリ 위크리(ウィークリー)
　　　ウェストゥ 웨스트(ウエスト)　ウォトパク 워터파크(ウォーターパーク)

韓国人はインスタント
ラーメンが好きで、スー
パーには数多くのラー
メンが置いてあります。

45

練習❺ 次の単語を読みながら、書いてみましょう。

(1)  **와요**

ワヨ(来ます、〔雨が〕降ります)

(2)  **우와**

ウワ(ワー)

(3)  **왜**

ウェ(なぜ)

(4) 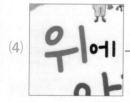 **위**

ウィ(上)

(5) **워**

ウォ(戦争)

二重母音を
覚えよう！

　母音の文字が2つ合体した文字の、ワ行の母音を覚えました。それ以外に、もうひとつ**二重母音**があります。「一」と「丨」の組み合わせでできた「의」です。

　「丨[イ/i]」の口構えで発音する「의」は、文字の位置によって3通りの発音があります。**①語頭の場合は「一[ウ/ɯ]」と「丨[イ/i]」をすばやく発音して[ウイ/ɯi]、②語頭以外の場合と「子音+ᅴ」の場合は[イ/i]、③助詞「〜の」の意味として使われるときは[エ/e]**となるので注意が必要です。

$$의$$
ウイ

$$—\ [\text{ɯ}]\quad+\quad |\ [\text{i}]\quad=\quad ⊣\ [\text{ɯi}]$$

「의」はまずどの場所にあるのかを確認し、それが助詞の「〜の」で使われていなかったら、「イ[i]」の発音になりますね

練習❶ 次のハングルを読みながら、書いてみましょう。

의
ウイ[ɯi]

練習❷ 次の単語を線で結びましょう。

イエイ ・　　　　・아우의

ウイイ ・　　　　・예의

アウエ ・　　　　・의의

解答　

意味は、아우의(弟[妹]の)、
예의(礼儀)、의의(意義)。

練習❸　次の単語を発音しながら、書いてみましょう。

(1)
의외
ウイウェ（意外）

(2)
예의
イェイ（礼儀）

(3)
아이의
アイエ（子どもの）

ポイント

母音の並び方

韓国ではハングルの母音を習うとき、次の順番で覚えます。

아　야　어　여　오　요　우　유　으　이
ア　ヤ　オ　ヨ　オ　ヨ　ウ　ユ　ウ　イ

辞書での並び方もだよ！

呪文を唱えるように「아야어여……」と何度も口に出して覚えましょう。

49

1 감사합니다. カムサハムニダ
ありがとうございます。

2 고맙습니다. コマプスムニダ
ありがとうございます。
※1より親しみを込めたラフな表現です

3 천만에요. チョンマネヨ
どういたしまして。

4 좋아요. チョアヨ
いいです。好きです。

5 싫어요. シロヨ
いやです。嫌いです。

デパートの食料品売り
場では、いろんな反찬
(パンチャン おかず)が
売られています。

3 時間目

鼻音と
流音の子音

ハングルは子音文字と母音文字に分けられる!

ハングル文字はいずれも
①左と右：가、거、기、나、너、니……
②上と下：고、구、그、노、누、느……
のように、パーツとパーツの組み合わせからできています。

上と左についている文字が**子音文字**、右と下についているのが**母音文字**です。

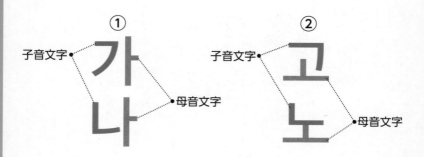

①
子音文字
가
나
母音文字

②
子音文字
고
母音文字
노

対して、日本語の仮名の場合、
［カ ［ka］］には ［k］という子音と ［a］という母音
［コ ［ko］］には ［k］という子音と ［o］という母音
また、
［ナ ［na］］には ［n］という子音と ［a］という母音
［ノ ［no］］には ［n］という子音と ［o］という母音
が溶け込んでいて、文字同士には共通する発音があっても文字だけ見ると、共通の特徴を見つけることはできません。

　ここまで見たように、日本語には子音だけを表す文字が別に設けられていませんが、韓国語の場合はローマ字のように子音だけを表記する「ㄱ」「ㄴ」などの子音文字があります。この**子音文字**と**母音文字**の組み合わせでひとつの音節の表記が可能になるのです。

	音素		音節
音	k	a	
仮名	-	-	カ
ローマ字	k	a	ka
ハングル	ㄱ	ㅏ	가

仮名はひと固まりなので切れない。

カ　サ　タ

ハングルは子音文字と母音文字に分解できる。

가　　사　　다
＝　　＝　　＝
ㄱ＋ㅏ　ㅅ＋ㅏ　ㄷ＋ㅏ

　また、日本語のカ行の「カ、キ、ク、ケ、コ」には、すべて［k］の音が入っていますね。ハングルでも同じなのです。つまり、ハングルの**カ行の文字**にはいずれも「ㄱ［k］」が入っており、覚えやすいですね。

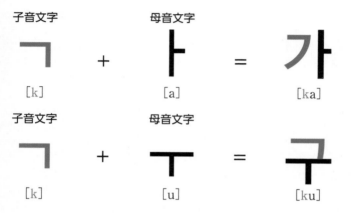

子音文字　　　　　　　母音文字

ㄱ　＋　ㅏ　＝　가

［k］　　　　［a］　　　　［ka］

子音文字　　　　　　　母音文字

ㄱ　＋　ㅜ　＝　구

［k］　　　　［u］　　　　［ku］

　ハングルにおいては、ローマ字と同じように「k」「s」「m」「n」などの子音を表記する**子音文字**がそれぞれ決まっています。

가　　　　노　　　　미　　　　수

カ［ka］　　　ノ［no］　　　ミ［mi］　　　ス［su］

　本書では、ハングルの子音文字を便宜上、
①**鼻音**：ㄴ［n］、ㅁ［m］
②**流音**：ㄹ［r］
③**平音**：ㄱ［k］、ㄷ［t］、ㅂ［p］、ㅅ［s］、ㅈ［tʃ］
④**激音**：ㅋ［kʰ］、ㅌ［tʰ］、ㅍ［pʰ］、ㅊ［tʃʰ］、ㅎ［h］
⑤**濃音**：ㄲ［ˀk］、ㄸ［ˀt］、ㅃ［ˀp］、ㅆ［ˀs］、ㅉ［ˀtʃ］
などに分けています。

鼻音と流音の
子音文字を覚えよう!

　まず最初に、①**鼻音**と②**流音**です。**鼻音**は「ㄴ [n]」、「ㅁ [m]」のように呼気の一部を鼻から出す音で、**流音**は「ㄹ [r]」のように舌先が軽く歯ぐきを弾く音です。

나
[na]
마
[ma]
라
[ra]

　まあ、難しい話はともかく、下のハングルが読めればいいわけですね。

	ハングル	発音記号	発音	実際の文字
鼻音	ㄴ	[n]	ナ行の子音[n]と ほぼ同じ	나 니 누 네 노 ナ ニ ヌ ネ ノ
	ㅁ	[m]	マ行の子音[m]と ほぼ同じ	마 미 무 메 모 マ ミ ム メ モ
流音	ㄹ	[r]	ラ行の子音[r]と ほぼ同じ	라 리 루 레 로 ラ リ ル レ ロ

これら3つの子音文字を簡単に覚えるコツを伝授します。

覚えるコツ

「ㄴ」はナスの[n]

nasu

この文字はナス[nasu]に似ているからナスの[n]と覚えましょう！ ちょっと変わった形のナスですけどね。

覚えるコツ

「ㅁ」はマッチ箱の[m]

macchibako

この文字はマッチ箱[macchibako]に似ているからマッチ箱の[m]と覚えましょう！ 「四角い形＝マッチ箱」とインプットしましょう。

「ㄹ」はリボンの[r]

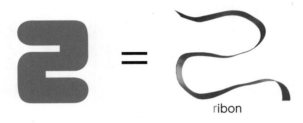

ribon

この文字はリボン［ribon］に似ているからリボンの［r］と覚えましょう！ 文字の形から連想しやすいですね。

では、次の文字は何と読むでしょうか。

ㄴㅣ ㅁㅣ ㄹㅣ

ㄴㅣは左にナスの「ㄴ［n］」、ㅁㅣは左にマッチ箱の「ㅁ［m］」、ㄹㅣは左にリボンの「ㄹ［r］」、また、いずれも右にはマルイの「ㅣ［i］」があるから、ㄴㅣは「ニ［ni］」、ㅁㅣは「ミ［mi］」、ㄹㅣは「リ［ri］」と読みます。1、2時間目で練習した母音の読み方と組み合わせればよいのです。書き順も覚えておきましょう。

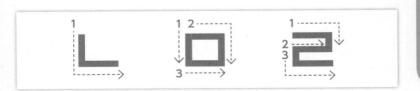

練習❶   次のハングルを読みながら、書いてみましょう。

	ㅏ[a]	ㅣ[i]	ㅜ[u]	ㅡ[ɯ]
ㄴ [n]	**나** ナ[na] 나	**니** ニ[ni] 니	**누** ヌ[nu] 누	**느** ヌ[nɯ] 느

	ㅏ[a]	ㅣ[i]	ㅜ[u]	ㅡ[ɯ]
ㅁ [m]	**마** マ[ma] 마	**미** ミ[mi] 미	**무** ム[mu] 무	**므** ム[mɯ] 므

	ㅏ[a]	ㅣ[i]	ㅜ[u]	ㅡ[ɯ]
ㄹ [r]	**라** ラ[ra] 라	**리** リ[ri] 리	**루** ル[ru] 루	**르** ル[rɯ] 르

	ㅔ [e]	ㅐ [ɛ]	ㅗ [o]	ㅓ [ɔ]
ㄴ [n]	**네** ネ[ne] 네	**내** ネ[nɛ] 내	**노** ノ[no] 노	**너** ノ[nɔ] 너
	ㅔ [e]	ㅐ [ɛ]	ㅗ [o]	ㅓ [ɔ]
ㅁ [m]	**메** メ[me] 메	**매** メ[mɛ] 매	**모** モ[mo] 모	**머** モ[mɔ] 머
	ㅔ [e]	ㅐ [ɛ]	ㅗ [o]	ㅓ [ɔ]
ㄹ [r]	**레** レ[re] 레	**래** レ[rɛ] 래	**로** ロ[ro] 로	**러** ロ[rɔ] 러

練習❷　　次の文字を線で結びましょう。

(1)

ナ　　　　ニ　　　　ヌ　　　　ネ　　　　ノ

니　　누　　너　　노　　나　　느　　네　　내

(2)

マ　　　　ミ　　　　ム　　　　メ　　　　モ

무　　미　　모　　마　　므　　메　　매　　머

(3)

ラ　　　　リ　　　　ル　　　　レ　　　　ロ

로　　라　　르　　레　　래　　리　　루　　러

解答

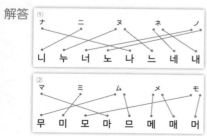

練習❸ 次の単語を線で結びましょう。

ミニ・   ・노래

ノレ・   ・미니

メミ・   ・마루

マル・   ・모레

メモ・   ・메모

モレ・   ・매미

解答

意味は、노래 (歌)、미니 (ミニ)、
마루 (床)、모레 (明後日)、
메모 (メモ)、매미 (セミ)。

練習❹ 次の空欄にハングルを書きましょう。

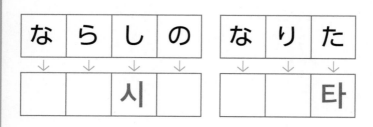

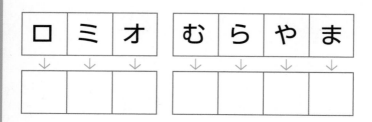

解答 ならしの 나라시노　なりた 나리타
　　　ロミオ 로미오　むらやま 무라야마
　　　しまね 시마네

練習❺　次の単語を読みながら、書いてみましょう。

(1)  **노래**

ノレ（歌）

_____ _____ _____

(2)  **어머니**

オモニ（お母さん）

_____ _____ _____

(3)  **머리**

モリ（頭）

_____ _____ _____

(4)  **우리나라**

ウリナラ（わが国）

_____ _____ _____

(5) **누나**

ヌナ（[弟から見て]姉）

_____ _____ _____

(6)  **모래**
モレ（砂）

(7) **무료**
ムリョ（無料）

(8) **유료**
ユリョ（有料）

(9) **나무**
ナム（木）

(10) **네모**
ネモ（四角）

　次は、3時間目で練習した、鼻音と流音の子音一覧です。ノートなどを用意して何度も書いてみましょう。その際に「覚えるコツ」を思い出しながらやると、頭に入りやすいですよ。

ハングル早見表 | 鼻音・流音の文字

母音 子音	ト [a]	ㅑ [ya]	ㅓ [ɔ]	ㅕ [yɔ]	ㅗ [o]	ㅛ [yo]	ㅜ [u]	ㅠ [yu]	ㅡ [ɯ]	ㅣ [i]
ㄴ [n]	나	냐	너	녀	노	뇨	누	뉴	느	니
ㄹ [r]	라	랴	러	려	로	료	루	류	르	리
ㅁ [m]	마	먀	머	며	모	묘	무	뮤	므	미

ㅐ [ɛ]	ㅒ [yɛ]	ㅔ [e]	ㅖ [ye]	ㅘ [wa]	ㅙ [wɛ]	ㅚ [we]	ㅝ [wɔ]	ㅞ [we]	ㅟ [wi]	ㅢ [ɯi]
내	냬	네	녜	놔	놰	뇌	눠	눼	뉘	늬
래	럐	레	례	롸	뢔	뢰	뤄	뤠	뤼	릐
매	먜	메	몌	뫄	뫠	뫼	뭐	뭬	뮈	믜

※グレーの文字は、普段あまり使われません。

ソウルの明洞（ミョンドン）はショッピング、グルメなどを楽しめる人気の観光スポット。

あいさつ語を覚えよう（その3）

1 **미안합니다.** ミアナムニダ
すみません。

2 **죄송합니다.** チェソンハムニダ
申し訳ありません。

3 **괜찮아요.** クェンチャナヨ
大丈夫です。

4 **잠깐만요.** チャムカンマンニョ
ちょっと待ってください。

5 **아니에요.** アニエヨ
違います。

旅の玄関口は金浦空港（김포공항 キムポゴンハン）が便利。ロッテモールなど大型ショッピングモールも近くにあって便利ですね。

4時間目

平音の
子音

平音の子音文字を
覚えよう!

韓国語の中には、**平音**という「ㄱ [k]」、「ㄷ [t]」、「ㅂ [p]」、「ㅅ [s]」、「ㅈ [tʃ]」の 5 つの子音文字があります。P54 で子音文字を分類したうちの③ですね。

カ	タ	パ	サ	チャ
가	**다**	**바**	**사**	**자**
[ka]	[ta]	[pa]	[sa]	[tʃa]

「ㄱ、ㄷ、ㅂ、ㅈ」は、日本語の「カ、タ、パ、チャ」行の子音をやや弱めに発音すればいいです。そこで、大切なポイント!

平音は
語頭では濁らない音(無声音)ですが、
語中(母音と母音の間)では濁る音(有声音)に
なります。
ただし、「ㅅ」はどこでも濁りません。

> つまり「가、다、바、자」は、
> 語頭では「カ、タ、パ、チャ」、
> 語中では「ガ、ダ、バ、ジャ」と
> 発音するということ!

表にまとめてみましょう。

ハングル	発音記号	発音	実際の文字
ㄱ	[k/g]	カ行/ガ行の子音[k/g]とほぼ同じ	가 기 구 게 고 カ キ ク ケ コ ガ ギ グ ゲ ゴ
ㄷ	[t/d]	タ行/ダ行の子音[t/d]とほぼ同じ	다 디 두 데 도 タ ティ トゥ テ ト ダ ディ ドゥ デ ド
ㅂ	[p/b]	パ行/バ行の子音[p/b]とほぼ同じ	바 비 부 베 보 パ ピ プ ペ ポ バ ビ ブ ベ ボ
ㅈ	[ʧ/ʤ]	チャ行/ジャ行の子音[ʧ/ʤ]とほぼ同じ	자 지 주 제 조 チャ チ チュ チェ チョ ジャ ジ ジュ ジェ ジョ
ㅅ	[s]	サ行の子音[s]とほぼ同じ	사 시 수 세 소 サ シ ス セ ソ

平音

　この表のうち、「ㅅ」を除いた上の4つは、語中（母音と母音の間）では**濁る音、つまり** [g]、[d]、[b]、[ʤ] **という音になる！** 詳しくはのちほど。まずは形から覚えましょう。

> 語中では、発音するとき、
> いずれも有声音、つまり濁音に変わるよ！

「ㄱ」はカマの [k̄]

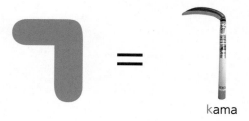

= kama

この文字はカマ（鎌）[kama] に形が似ていますね。そうです、カマの [k] と覚えましょう！

「ㄷ」はタオルの [t̄]

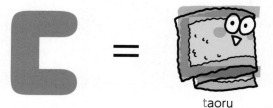

= taoru

きれいにたたまれたタオル [taoru] に似ていますよね。タオルの [t] と覚えましょう！

「ㅂ」はパッとの[ピ p]

patto

3時間目で覚えた「ㅁ」（マッチ箱の[m]）に似てますね。ですので、マッチ箱の上に火がパッと[patto]ついた形、つまりパッとの[p]と覚えましょう！

「ㅈ」はスウォッチの「チ[チ tʃ]」

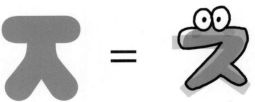

swatch

「ㅈ」という文字は、カタカナの「ス」に似ていますね。これを見たら、スウォッチ[swatch]の「チ[tʃ]」と覚えてください。つまり「スウォッチ（swatch）」→「ス」ウォッ「チ」→「ス」は「チ」です。

「人」はサクランボの[s]

sakurambo

形から連想すると……、そう、サクランボです！　この文字はサクランボ [sakurambo] に似ているからサクランボの [s] と覚えましょう！

では、次の文字は何と読むでしょうか。

기
「カマの[k]」に
「マルイの | [i]」なので、
「キ[ki]」

디
「タオルの[t]」に
「マルイの | [i]」なので、
「ティ[ti]」

비
「パッとの[p]」に
「マルイの | [i]」なので、
「ピ[pi]」

지
「スウォッチの[tʃ]」に
「マルイの | [i]」なので、
「チ[tʃi]」

시
「サクランボの[s]」に
「マルイの | [i]」なので、
「シ[si]」

「パボ」の法則
（有声音化①）

P68、69で有声音化の話をしましたが、覚えていますか？　初声として使われる平音の「ㄱ、ㄷ、ㅂ、ㅈ」は、母音と母音の間では、それぞれ日本語の濁音のように［g］、［d］、［b］、［ʥ］の発音に変わります。これを**有声音化**といいます。**平音の「ㄱ、ㄷ、ㅂ、ㅈ」は同じ文字なのに、置かれる位置によって、清音になったり、濁音になったりする**ということです。

つまり、バカという意味の「바보」は「パポ［papo］」ではなく、「パボ［pabo］」と読みます。ただし、平音のうち「ㅅ［s］」だけは濁音化しません。

表記
パポ[papo]

바보
バカ

発音
パボ[pabo]

[바보]

よく見ると2文字とも、同じ「ㅂ」(パッとの[p])なのに
置かれている位置によって発音が違うね

有声音化のもうひとつの法則（「カルビ」の法則）は7時間目（P124）にあります。

ㄱ(カマの[ケー k])

	語頭 [k]	語中 [g]
가	カ	ガ
기	キ	ギ
구 그	ク	グ
게 개	ケ	ゲ
고 거	コ	ゴ

書き順は下のとおり。

1

この「ㄱ」の文字は母音が右にくるか、下にくるかによってハネの向きが少し変わります。母音が右にくる文字のほうが角度が少しだけキツくなっていますね。

母音が右にくる文字

가 거

少し左斜めにはらうよ

母音が下にくる文字

고 구

練習❶ 次のハングルを読みながら、書いてみましょう。

ㄱ [k] に母音を足すと……

ㅏ [a]	ㅣ [i]	ㅜ [u]	ㅡ [ɯ]	ㅔ [e]	ㅐ [ɛ]	ㅗ [o]	ㅓ [ɔ]
가 カ [ka]	기 キ [ki]	구 ク [ku]	그 ク [kɯ]	게 ケ [ke]	개 ケ [kɛ]	고 コ [ko]	거 コ [kɔ]
가	기	구	그	게	개	고	거

練習❷ 次の文字を線で結びましょう。

カ	キ	ク	ケ	コ

가　고　게　거　구　그　기　개

解答

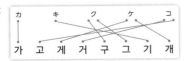

練習❸　次の単語を読みながら、書いてみましょう。

(1) 고기
コギ(肉)

(2) 구구
クグ(九九)

(3) 가게
カゲ(お店)

(4) 개그
ケグ(ギャグ)

(5) 누구
ヌグ(誰)

(6)

고구마
コグマ（サツマイモ）

_____ _____ _____

(7)

기러기
キロギ（雁）

_____ _____ _____

(8)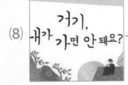

거기
コギ（そこ）

_____ _____ _____

(9)

고개
コゲ（峠）

_____ _____ _____

(10)

귀
クィ（耳）

_____ _____ _____

ㄷ (タオルの[t̄])

	語頭 [t]	語中 [d]
다	タ	ダ
디	ティ	ディ
두 드	トゥ	ドゥ
데 대	テ	デ
도 더	ト	ド

書き順は下のとおり。

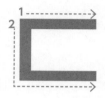

練習❶　次のハングルを読みながら、書いてみましょう。

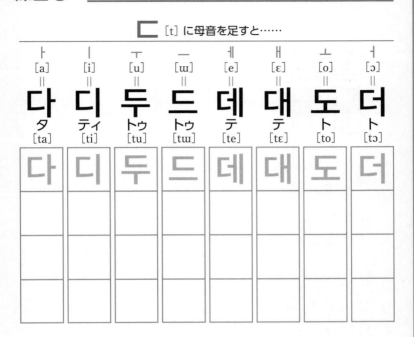

ㄷ [t] に母音を足すと……

ㅏ [a] ‖	ㅣ [i] ‖	ㅜ [u] ‖	ㅡ [ɯ] ‖	ㅔ [e] ‖	ㅐ [ɛ] ‖	ㅗ [o] ‖	ㅓ [ɔ] ‖
다 タ [ta]	**디** ティ [ti]	**두** トゥ [tu]	**드** トゥ [tɯ]	**데** テ [te]	**대** テ [tɛ]	**도** ト [to]	**더** ト [tɔ]
다	디	두	드	데	대	도	더

練習❷　次の文字を線で結びましょう。

タ	ティ	トゥ	テ	ト
●	●	● ●	● ●	● ●

●	●	●	●	●	●	●	●
디	드	다	더	데	두	도	대

解答

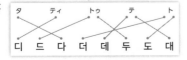

79

練習❸　　次の単語を読みながら、書いてみましょう。

(1)  다도

タド(茶道)

(2)  도레미

トレミ(ドレミ)

(3)  모두

モドゥ(すべて、ぜんぶで)

(4)  다

タ(すべて)

(5)  더

ト(もっと)

(6)
어디
オディ(どこ) ____ ____ ____

(7)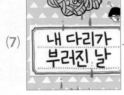
다리
タリ(脚) ____ ____ ____

(8)
뒤
トゥィ(うしろ) ____ ____ ____

(9)
구두
クドゥ(靴) ____ ____ ____

(10)
데모
テモ(デモ) ____ ____ ____

81

ㅂ (パッとの[ピ][p])

	語頭 [p]	語中 [b]
바	パ	バ
비	ピ	ビ
부 브	プ	ブ
뻬 배	ペ	ベ
보 버	ポ	ボ

書き順は下のとおり。

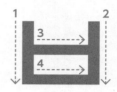

縦→縦→横→横の順ですね。

練習❶　次のハングルを読みながら、書いてみましょう。

ㅂ [p] に母音を足すと……

ㅏ	ㅣ	ㅜ	ㅡ	ㅔ	ㅐ	ㅗ	ㅓ
[a]	[i]	[u]	[ɯ]	[e]	[ɛ]	[o]	[ɔ]
‖	‖	‖	‖	‖	‖	‖	‖
바	**비**	**부**	**브**	**베**	**배**	**보**	**버**
パ	ピ	プ	プ	ペ	ペ	ポ	ポ
[pa]	[pi]	[pu]	[pɯ]	[pe]	[pɛ]	[po]	[pɔ]

練習❷　次の文字を線で結びましょう。

パ　　　　ピ　　　　プ　　　　ペ　　　　ポ

바　배　비　보　베　부　버　브

解答

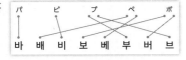

練習❸　　次の単語を読みながら、書いてみましょう。

(1) 바나나 _____ _____ _____
パナナ（バナナ）

(2) 보배 _____ _____ _____
ポベ（宝）

(3) 부부 _____ _____ _____
ププ（夫婦）

(4) 비 _____ _____ _____
ピ（雨）

(5) 두부 _____ _____ _____
トゥブ（豆腐）

(6)  **바다** _____ _____
パダ(海)

(7)  **배우** _____ _____
ペウ(俳優)

(8)  **보리** _____ _____
ポリ(大麦)

(9) 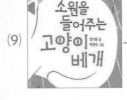 **베개** _____ _____
ペゲ(枕)

(10)  **부대** _____ _____
プデ(部隊)

ス (スウォッチの [tʃ])

	語頭 [tʃ]	語中 [ʤ]
자	チャ	ジャ
지	チ	ジ
주 즈	チュ	ジュ
제 재	チェ	ジェ
조 저	チョ	ジョ

書き順は下のとおり。3画になります。「ス」は手書きのときは一般的に「ス」という具合に2画で書くことが多いです。

練習❶　次のハングルを読みながら、書いてみましょう。

ス [ʧ] に母音を足すと……

┠ [a]	┃ [i]	┳ [u]	━ [ɯ]	ㅔ [e]	ㅐ [ɛ]	ㅗ [o]	┤ [ɔ]
자	지	주	즈	제	재	조	저
チャ [ʧa]	チ [ʧi]	チュ [ʧu]	チュ [ʧɯ]	チェ [ʧe]	チェ [ʧɛ]	チョ [ʧo]	チョ [ʧɔ]

練習❷　次を文字を線で結びましょう。

チャ	チ	チュ	チェ	チョ

즈　주　제　저　조　지　재　자

解答

練習❸ 次の単語を読みながら、書いてみましょう。

(1)

지도 ___ ___ ___
チド（地図）

(2)

제주도 ___ ___ ___
チェジュド（済州島）

(3)

재즈 ___ ___ ___
チェジュ（ジャズ）

(4)

아버지 ___ ___ ___
アボジ（お父さん）

(5)

바지 ___ ___ ___
パジ（ズボン）

(6)

지구
チグ（地球）

<hr/>

(7)

과자
クゥジャ（お菓子）

<hr/>

(8)

저기
チョギ（あそこ）

<hr/>

(9)

주스
チュス（ジュース）

<hr/>

(10)

소주
ソジュ（焼酎）

<hr/>

ㅅ（サクランボの [s̚]）

語頭 [s]	語中 [s]
사	サ
시	シ
수	ス
스	
세	セ
새	
소	ソ
서	

書き順は下のとおり。

基本どおり、上から下です。

練習❶　次のハングルを読みながら、書いてみましょう。

人 [s] に母音を足すと……

ㅏ [a]	ㅣ [i]	ㅜ [u]	ㅡ [ɯ]	ㅔ [e]	ㅐ [ɛ]	ㅗ [o]	ㅓ [ɔ]
=	=	=	=	=	=	=	=
사	시	수	스	세	새	소	서
サ [sa]	シ [ʃi]	ス [su]	ス [sɯ]	セ [se]	セ [sɛ]	ソ [so]	ソ [sɔ]

練習❷　次の文字を線で結びましょう。

サ	シ	ス	セ	ソ
•	•	•	• •	•

시　스　사　세　소　새　서　수

解答　

練習❸　次の単語を読みながら、書いてみましょう。

(1) **스시**
スシ（すし）

(2) **소스**
ソス（ソース）

(3) **수소**
スソ（水素）

(4) **세마리**
セマリ（3匹）

(5) **새**
セ（鳥）

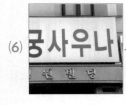

(6) **사우나**

サウナ (サウナ)

(7) **교과서**

キョグァソ (教科書)

(8) **샤워**

シャウォ (シャワー)

(9) **버스**

ポス (バス)

(10) **시소**

シソ (シーソー)

ハングル早見表｜平音の文字

母音／子音	ㅏ [a]	ㅑ [ya]	ㅓ [ɔ]	ㅕ [yɔ]	ㅗ [o]	ㅛ [yo]	ㅜ [u]	ㅠ [yu]	ㅡ [ɯ]	ㅣ [i]
ㄱ [k/g]	가	갸	거	겨	고	교	구	규	그	기
ㄷ [t/d]	다	댜	더	뎌	도	됴	두	듀	드	디
ㅂ [p/b]	바	뱌	버	벼	보	뵤	부	뷰	브	비
ㅅ [s]	사	샤	서	셔	소	쇼	수	슈	스	시
ㅈ [tʃ/ʤ]	자	쟈	저	져	조	죠	주	쥬	즈	지

ㅐ [ɛ]	ㅒ [yɛ]	ㅔ [e]	ㅖ [ye]	ㅘ [wa]	ㅙ [wɛ]	ㅚ [we]	ㅝ [wɔ]	ㅞ [we]	ㅟ [wi]	ㅢ [ɯi]
개	걔	게	계	과	괘	괴	궈	궤	귀	긔
대	댸	데	뎨	돠	돼	되	둬	뒈	뒤	듸
배	뱨	베	볘	봐	봬	뵈	붜	붸	뷔	븨
새	섀	세	셰	솨	쇄	쇠	숴	쉐	쉬	싀
재	쟤	제	졔	좌	좨	죄	줘	줴	쥐	즤

※グレーの文字は、普段あまり使われません。

韓国の街では、「1＋1（ワンプラスワン）」という広告をよく見かけます。これは1個買うと、おまけにもう1個もらえるということです。食品だけでなく化粧品などいろいろなお店で見かけられますよ。

5 時間目

激音の子音

激音の子音文字を
覚えよう！

해피토이
HAPPY TOY

0時間目で自分の名前を書いてみましたね。思い出してください。

<ruby>タ<rt></rt></ruby><ruby>カ<rt></rt></ruby><ruby>ハ<rt></rt></ruby><ruby>シ<rt></rt></ruby> <ruby>ケ<rt></rt></ruby><ruby>イ<rt></rt></ruby><ruby>コ<rt></rt></ruby>　　<ruby>ヤ<rt></rt></ruby><ruby>マ<rt></rt></ruby><ruby>モ<rt></rt></ruby><ruby>ト<rt></rt></ruby> <ruby>キ<rt></rt></ruby><ruby>ン<rt></rt></ruby><ruby>タ<rt></rt></ruby><ruby>ロ<rt></rt></ruby><ruby>ウ<rt></rt></ruby>
タカハシ ケイコ　ヤマモト キンタロウ

다카하시 게이코　야마모토 긴타로

　日本語においては、「顔（カオ）」、「タラ」などの「カ、タ、パ」行の発音を勢いよくしても単語の意味は変わりませんが、韓国語では意味が変わります。たとえば、**平音の「비」**は「雨」、勢いよく発音する**激音の「피」**は「血」という意味になります。当然文字の形も違います。この**激音は、語中でも音が濁りません**から、名前を書くときにも使っています。

　ㄱ [k]、ㄷ [t]、ㅂ [p]、ㅈ [tʃ]、ㅇ [-] は覚えていますか？右に母音「ㅏ [a]」をつけて読むと、**가** [ka]、**다** [ta]、**바** [pa]、**자** [tʃa]、**아** [-a] でしたね。

　さて、今回はㄱ [k]、ㄷ [t]、ㅂ [p]、ㅈ [tʃ]、ㅇ [-] に、毛が生えたような文字、

ㅋ [kʰ]、ㅌ [tʰ]、ㅍ [pʰ]、ㅊ [tʃʰ]、ㅎ [h] です。

これを**激音**といいます。

비	자	주다
雨	定規	あげる
ピ[pi]	チャ[tʃa]	チュダ[tʃuda]

피	차	추다
血	車	踊る
ピ[pʰi]	チャ[tʃʰa]	チュダ[tʃʰuda]

口に軽くティッシュペーパーを当てて、音の出し方を確認してみましょう。平音だと紙が少し揺れて、激音だと紙が大きく揺れますね。

このように呼気の量によって意味が変わります。また、このハングルの発音の違いは仮名の表記においては区別できません。

覚えるコツ

毛が生えたら激音　つばが飛ぶほど元気よく

もとの子音文字「ㄱ」などに「ㅋ」のように棒が1本増えたり、点のような毛が生えた子音文字は激音。息を強く吐き出せばOKです。

この文字の右に母音「ㅏ[a]」をつけて読むと、

카	타	파	차	하
カ	タ	パ	チャ	ハ
[kʰa]	[tʰa]	[pʰa]	[tʃʰa]	[ha]

となります。**激音は文字通り激しい音、つまり息を勢いよく、多く出す発音で、語中でも濁ることはありません。**

まとめてみましょう。

激音

ハングル	発音記号	発音	実際の文字
ㅋ	[k^h]	強い息を出しながら、 カ行の子音を発音する	카 키 쿠 케 코 カ キ ク ケ コ
ㅌ	[t^h]	強い息を出しながら、 タ行の子音を発音する	타 티 투 테 토 タ ティ トゥ テ ト
ㅍ	[p^h]	強い息を出しながら、 パ行の子音を発音する	파 피 푸 페 포 パ ピ プ ペ ポ
ㅊ	[$tʃ^h$]	強い息を出しながら、 チャ行の子音を発音する	차 치 추 체 초 チャ チ チュ チェ チョ
ㅎ	[h]	ハ行の子音とほぼ同じ	하 히 후 헤 호 ハ ヒ フ ヘ ホ

※本書では「ㅎ」を激音扱いにしています。

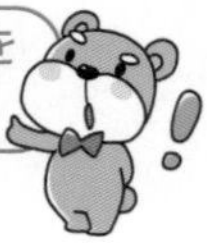
息をいっぱい吐き出すことを
忘れないでね！
「티」と「투」は
「チ」や「ツ」とは違うよ

書き順は以下のとおりです。

「ㅊ」は手書きのとき、「차」「초」などのように「ㅊ」と３画で書くことが多いです。

練習❶ 次のハングルを読みながら、書いてみましょう。

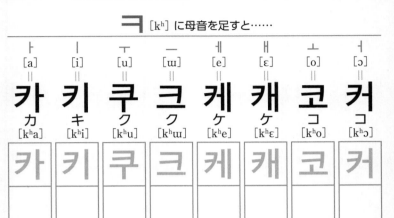

ㅋ [kʰ] に母音を足すと……

ㅏ [a]	ㅣ [i]	ㅜ [u]	ㅡ [ɯ]	ㅔ [e]	ㅐ [ɛ]	ㅗ [o]	ㅓ [ɔ]
‖	‖	‖	‖	‖	‖	‖	‖
카 カ [kʰa]	**키** キ [kʰi]	**쿠** ク [kʰu]	**크** ク [kʰɯ]	**케** ケ [kʰe]	**캐** ケ [kʰɛ]	**코** コ [kʰo]	**커** コ [kʰɔ]
카	키	쿠	크	케	캐	코	커

練習❷ 次の文字を線で結びましょう。

カ •	キ •	ク • •	ケ • •	コ • •

케	키	카	쿠	커	코	캐	크
•	•	•	•	•	•	•	•

解答

練習❸ 次のハングルを読みながら、書いてみましょう。

E [tʰ] に母音を足すと……

ㅏ [a]	ㅣ [i]	ㅜ [u]	ㅡ [ɯ]	ㅔ [e]	ㅐ [ɛ]	ㅗ [o]	ㅓ [ɔ]
=	=	=	=	=	=	=	=
타 タ [tʰa]	**티** ティ [tʰi]	**투** トゥ [tʰu]	**트** トゥ [tʰɯ]	**테** テ [tʰe]	**태** テ [tʰɛ]	**토** ト [tʰo]	**터** ト [tʰɔ]
타	티	투	트	테	태	토	터

練習❹ 次の文字を線で結びましょう。

タ	ティ	トゥ	テ	ト
•	•	• •	• •	• •

테	터	트	투	태	티	토	타

解答

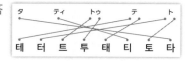

練習❺　次のハングルを読みながら、書いてみましょう。

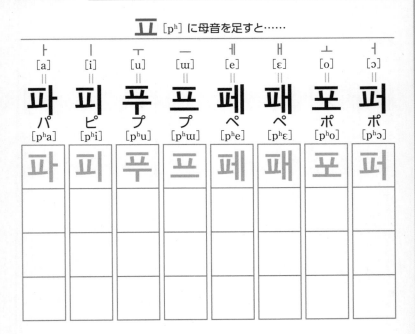

練習❻　次の文字を線で結びましょう。

解答

練習❼　次のハングルを読みながら、書いてみましょう。

ㅊ [tʃʰ] に母音を足すと……

ㅏ [a]	ㅣ [i]	ㅜ [u]	ㅡ [ɯ]	ㅔ [e]	ㅐ [ɛ]	ㅗ [o]	ㅓ [ɔ]
차	치	추	츠	체	채	초	처
チャ	チ	チュ	チュ	チェ	チェ	チョ	チョ
[tʃʰa]	[tʃʰi]	[tʃʰu]	[tʃʰɯ]	[tʃʰe]	[tʃʰɛ]	[tʃʰo]	[tʃʰɔ]
차	치	추	츠	체	채	초	처

練習❽　次の文字を線で結びましょう。

チャ	チ	チュ	チェ	チョ
•	•	• •	• •	• •

츠　체　처　차　추　치　채　초

解答

練習⑨ 次のハングルを読みながら、書いてみましょう。

ㅎ [h] に母音を足すと……

ㅏ	ㅣ	ㅜ	ㅡ	ㅔ	ㅐ	ㅗ	ㅓ
[a]	[i]	[u]	[ɯ]	[e]	[ɛ]	[o]	[ɔ]
하	히	후	흐	헤	해	호	허
ハ	ヒ	フ	フ	ヘ	ヘ	ホ	ホ
[ha]	[hi]	[hu]	[hɯ]	[he]	[hɛ]	[ho]	[hɔ]

練習⑩ 次の文字を線で結びましょう。

ハ　　　ヒ　　　フ　　　ヘ　　　ホ

히　하　호　후　헤　흐　허　해

解答

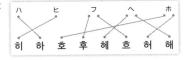

練習⑪　次の文字を線で結びましょう。

カ	タ	パ	チャ	ア	ハ
••	••	••	••	•	•

•	•	•	•	•	•	•	•	•	•
다	카	파	가	차	하	타	바	자	아

解答

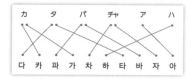

練習⑫　次の単語を線で結びましょう。

テストゥ ・	・아프리카
パパラチ・	・크래커
クレコ　・	・테스트
アプリカ・	・파파라치

解答

意味は、아프리카(アフリカ)、
크래커(クラッカー)、
테스트(テスト)、
파파라치(パパラッチ)。

練習⓭　次の単語を読みながら、書いてみましょう。

(1) **커피**

コピ(コーヒー)

___　___　___

(2) **카피**

カピ(コピー)

___　___　___

(3) **코피**

コピ(鼻血)

___　___　___

(4) **우표**

ウピョ(切手)

___　___　___

(5) **아파트**

アパトゥ(マンション)

___　___　___

(6) **주차**

チュチャ(駐車)

(7) **지하**

チハ(地下)

(8) **카푸치노**

カプチノ(カプチーノ)

江南のCOEX(コエックス)モールの中心の吹き抜け部分にある별마당(ピョルマダン)図書館。巨大な本棚が目を引きます。

※激音のハングル早見表は、P119の6時間目の濃音といっしょにまとめました。

6時間目

濃音の
子音

濃音の子音文字を
覚えよう!

ㄱ [k]、ㄷ [t]、ㅂ [p]、ㅅ [s]、ㅈ [tʃ] は覚えていますね。
右に母音「ㅏ [a]」をつけて読むと、가 [ka]、다 [ta]、바 [pa]、
사 [sa]、자 [tʃa] でしたね。

さて、ハングル文字にはㄱ [k]、ㄷ [t]、ㅂ [p]、ㅅ [s/ʃ]、ㅈ
[tʃ] の文字に、もとの子音の文字と同じ文字をもうひとつ重ねたㄲ
[ʔk]、ㄸ [ʔt]、ㅃ [ʔp]、ㅆ [ʔs]、ㅉ [ʔtʃ] があります。これを**濃
音**といいます。

この文字の右に母音「ㅏ [a]」をつけて読むと、
까 [ʔka]、따 [ʔta]、빠 [ʔpa]、싸 [ʔsa]、짜 [ʔtʃa] になります。

개 犬 ケ[kɛ]

깨 胡麻 ッケ[ʔke]

자다 寝る チャダ[tʃada]

짜다 しょっぱい ッチャダ[ʔtʃada]

こんなに音の濃さによって意味が
変わってしまうから、発音と書き方に気をつけなくちゃ

濃音は文字も濃ければ 音も濃い

もとの子音文字「ㄱ」「ㄷ」などに同じ文字をもうひとつ重ねた「ㄲ」「ㄸ」などのような濃音は、文字も音も濃くなるため、発音は前に「ッ」をつければいいです。

口に軽くティッシュペーパーを当てて発音したとき、平音は紙が少し揺れて、濃音は紙がほとんど揺れないよ

까 **따** **빠**
ッカ　　　ッタ　　　ッパ
[ˀka]　　[ˀta]　　[ˀpa]

싸 **짜**
ッサ　　　ッチャ
[ˀsa]　　[ˀtʃa]

濃音は文字が濃いのと同じように、発音も濃いです。 ほとんど息を出さず、のどを強く緊張させて出す音です。語中でも濁ることはありません。

	ハングル	発音記号	発音	実際の文字
濃音	ㄲ	[²k]	까は「カッカ」の「ッカ」に似た音	까 끼 꾸 께 꼬 ッカ ッキ ック ッケ ッコ
	ㄸ	[²t]	따は「タッタ」の「ッタ」に似た音	따 띠 뚜 떼 또 ッタ ッティ ットゥ ッテ ット
	ㅃ	[²p]	빠は「パッパ」の「ッパ」に似た音	빠 삐 뿌 뻬 뽀 ッパ ッピ ップ ッペ ッポ
	ㅆ	[²s]	싸は「サッサ」の「ッサ」に似た音	싸 씨 쑤 쎄 쏘 ッサ ッシ ッス ッセ ッソ
	ㅉ	[²tʃ]	짜は「チャッチャ」の「ッチャ」に似た音	짜 찌 쭈 쩨 쪼 ッチャ ッチ ッチュ ッチェ ッチョ

「ㄲ、ㄸ、ㅃ、ㅆ、ㅉ」などの文字の発音は
いずれも濃音で、また「ッ○」という発音を表記するときは、
「ㄲ、ㄸ、ㅃ、ㅆ、ㅉ」を書けばOK

書き順は下のとおり。

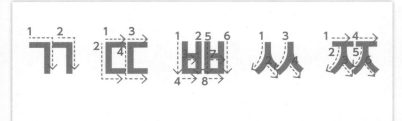

「ㅉ」は手書きのとき、 싸、 쪼などのように「ㅉ」と4画で書く
ことが多いです。

練習❶ 次のハングルを読みながら、書いてみましょう。

ㄲ [ˀk] に母音を足すと……

ㅏ [a]	ㅣ [i]	ㅜ [u]	ㅡ [ɯ]	ㅔ [e]	ㅐ [ɛ]	ㅗ [o]	ㅓ [ɔ]
＝＝ **까** ッカ [ˀka]	＝＝ **끼** ッキ [ˀki]	＝＝ **꾸** ック [ˀku]	＝＝ **끄** ック [ˀkɯ]	＝＝ **께** ッケ [ˀke]	＝＝ **깨** ッケ [ˀkɛ]	＝＝ **꼬** ッコ [ˀko]	＝＝ **꺼** ッコ [ˀkɔ]
까	끼	꾸	끄	께	깨	꼬	꺼

練習❷ 次の文字を線で結びましょう。

ッカ	ッキ	ック	ッケ	ッコ
•	•	•　•	•　•	•　•

•	•	•	•	•	•	•	•
끄	까	끼	깨	께	꾸	꼬	꺼

解答

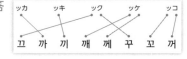

ッカ　ッキ　ック　ッケ　ッコ
끄　까　끼　깨　께　꾸　꼬　꺼

練習❸ 次のハングルを読みながら、書いてみましょう。

ㄸ [ʔt] に母音を足すと……

ㅏ [a]	ㅣ [i]	ㅜ [u]	ㅡ [ɯ]	ㅔ [e]	ㅐ [ɛ]	ㅗ [o]	ㅓ [ɔ]
‖	‖	‖	‖	‖	‖	‖	‖
따	띠	뚜	뜨	떼	때	또	떠
ッタ [ʔta]	ッティ [ʔti]	ットゥ [ʔtu]	ットゥ [ʔtɯ]	ッテ [ʔte]	ッテ [ʔtɛ]	ット [ʔto]	ット [ʔtɔ]
따	띠	뚜	뜨	떼	때	또	떠

練習❹ 次の文字を線で結びましょう。

解答

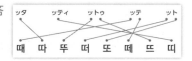

練習❺　次のハングルを読みながら、書いてみましょう。

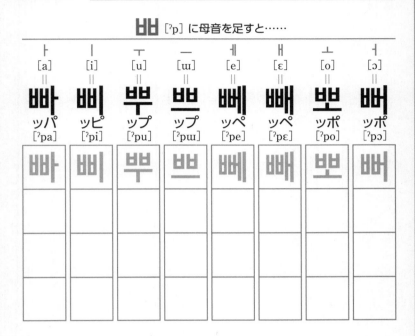

ㅏ [a] ‖	ㅣ [i] ‖	ㅜ [u] ‖	ㅡ [ɯ] ‖	ㅔ [e] ‖	ㅐ [ɛ] ‖	ㅗ [o] ‖	ㅓ [ɔ] ‖
빠 ッパ [ˀpa]	삐 ッピ [ˀpi]	뿌 ップ [ˀpu]	쁘 ップ [ˀpɯ]	뻬 ッペ [ˀpe]	빼 ッペ [ˀpɛ]	뽀 ッポ [ˀpo]	뻐 ッポ [ˀpɔ]

ᄈ [ˀp] に母音を足すと……

練習❻　次の文字を線で結びましょう。

ッパ　　　ッピ　　　ップ　　　ッペ　　　ッポ

뿌　뻬　빠　삐　빼　뽀　뻐　쁘

解答

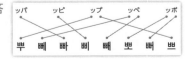

113

練習❼　次のハングルを読みながら、書いてみましょう。

人人 [ˀs/ˀʃ] に母音を足すと……

ㅏ [a]	ㅣ [i]	ㅜ [u]	ㅡ [ɯ]	ㅔ [e]	ㅐ [ɛ]	ㅗ [o]	ㅓ [ɔ]
‖	‖	‖	‖	‖	‖	‖	‖
싸	**씨**	**쑤**	**쓰**	**쎄**	**쌔**	**쏘**	**써**
ッサ [ˀsa]	ッシ [ˀʃi]	ッス [ˀsu]	ッス [ˀsɯ]	ッセ [ˀse]	ッセ [ˀsɛ]	ッソ [ˀso]	ッソ [ˀsɔ]
싸	씨	쑤	쓰	쎄	쌔	쏘	써

練習❽　次の文字を線で結びましょう。

ッサ	ッシ	ッス	ッセ	ッソ
●	●	● ●	● ●	● ●

●	●	●	●	●	●	●	●
쎄	싸	쏘	쑤	써	씨	쓰	쌔

解答

練習❾　次のハングルを読みながら、書いてみましょう。

ㅉ [ˀʧ] に母音を足すと……

ㅏ [a] =	ㅣ [i] =	ㅜ [u] =	ㅡ [ɯ] =	ㅔ [e] =	ㅐ [ɛ] =	ㅗ [o] =	ㅓ [ɔ] =
짜	찌	쭈	쯔	쩨	째	쪼	쩌
ッチャ [ˀʧa]	ッチ [ˀʧi]	ッチュ [ˀʧu]	ッチュ [ˀʧɯ]	ッチェ [ˀʧe]	ッチェ [ˀʧɛ]	ッチョ [ˀʧo]	ッチョ [ˀʧɔ]
짜	찌	쭈	쯔	쩨	째	쪼	쩌

練習❿　次の文字を線で結びましょう。

ッチャ	ッチ	ッチュ	ッチェ	ッチョ
•	•	• •	• •	• •

쯔　찌　쪼　째　짜　쭈　쩌　쩨

解答

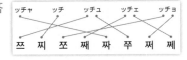

練習 ⑪　次の文字を線で結びましょう。

タ	ッパ	ッカ	カ	パ	チャ	ッチャ	ッタ	ッサ	サ
•	•	•	•	•	•	•	•	•	•

•	•	•	•	•	•	•	•	•	•
가	까	다	따	바	빠	사	싸	자	짜

解答

タ	ッパ	ッカ	カ	パ	チャ	ッチャ	ッタ	ッサ	サ
가	까	다	따	바	빠	사	싸	자	짜

練習 ⑫　次の単語を線で結びましょう。

アッパ・	・쓰다
ッスダ・	・아빠
ッカチ・	・까치
ッタロ・	・따로

解答

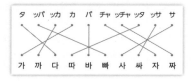

アッパ・	・쓰다
ッスダ・	・아빠
ッカチ――	―까치
ッタロ――	―따로

意味は、
쓰다 (書く)、
아빠 (パパ)、
까치 (カササギ)、
따로 (別々に)。

練習⓭　　次の単語を読みながら、書いてみましょう。

(1)

오빠 ＿＿＿＿　＿＿＿＿　＿＿＿＿

オッパ（[妹から見て]兄）

(2)

찌개 ＿＿＿＿　＿＿＿＿　＿＿＿＿

ッチゲ（鍋物）

(3)

까마귀 ＿＿＿＿　＿＿＿＿　＿＿＿＿

ッカマグィ（カラス）

(4)

또 ＿＿＿＿　＿＿＿＿　＿＿＿＿

ット（また）

(5)

쓰레기 ＿＿＿＿　＿＿＿＿　＿＿＿＿

ッスレギ（ごみ）

(6)

뽀뽀

ッポッポ(チュー、キス)

(7)

깨

ッケ(ゴマ)

(8)

가짜

カッチャ(偽物)

(9)

때

ッテ(とき)

(10)

바빠요

パッパヨ(忙しいです)

ハングル早見表 | 激音の文字

子音＼母音	├ [a]	├ [ya]	┤ [ɔ]	┤ [yɔ]	⊥ [o]	⊥⊥ [yo]	┬ [u]	┬┬ [yu]	─ [ɯ]	│ [i]
ㅋ [kʰ]	카	캬	커	켜	코	쿄	쿠	큐	크	키
ㅌ [tʰ]	타	탸	터	텨	토	툐	투	튜	트	티
ㅍ [pʰ]	파	퍄	퍼	펴	포	표	푸	퓨	프	피
ㅊ [ʧʰ]	차	챠	처	쳐	초	쵸	추	츄	츠	치
ㅎ [h]	하	햐	허	혀	호	효	후	휴	흐	히

ㅐ [ɛ]	ㅒ [yɛ]	ㅔ [e]	ㅖ [ye]	ㅘ [wa]	ㅙ [wɛ]	ㅚ [we]	ㅝ [wɔ]	ㅞ [we]	ㅟ [wi]	ㅢ [ɯi]
캐	걔	케	켸	콰	쾌	쾨	쿼	퀘	퀴	킈
태	턔	테	톄	톼	퇘	퇴	퉈	퉤	튀	틔
패	퍠	페	폐	퐈	퐤	푀	풔	풰	퓌	픠
채	챼	체	쳬	촤	쵀	최	춰	췌	취	츼
해	햬	헤	혜	화	홰	회	훠	훼	휘	희

ハングル早見表 | 濃音の文字

子音＼母音	├ [a]	├ [ya]	┤ [ɔ]	┤ [yɔ]	⊥ [o]	⊥⊥ [yo]	┬ [u]	┬┬ [yu]	─ [ɯ]	│ [i]
ㄲ [ʔk]	까	꺄	꺼	껴	꼬	꾜	꾸	뀨	끄	끼
ㄸ [ʔt]	따	땨	떠	뗘	또	뚀	뚜	뜌	뜨	띠
ㅃ [ʔp]	빠	뺘	뻐	뼈	뽀	뾰	뿌	쀼	쁘	삐
ㅆ [ʔs]	싸	쌰	써	쎠	쏘	쑈	쑤	쓔	쓰	씨
ㅉ [ʔʧ]	짜	쨔	쩌	쪄	쪼	쬬	쭈	쮸	쯔	찌

ㅐ [ɛ]	ㅒ [yɛ]	ㅔ [e]	ㅖ [ye]	ㅘ [wa]	ㅙ [wɛ]	ㅚ [we]	ㅝ [wɔ]	ㅞ [we]	ㅟ [wi]	ㅢ [ɯi]
깨	꺠	께	껰	꽈	꽤	꾀	꿔	꿰	뀌	끠
때	떄	떼	뗴	똬	뙈	뙤	뚸	뛔	뛰	띄
빼	뺴	뻬	뼤	뽜	뽸	뾔	뿨	쀄	쀠	쁴
쌔	썌	쎄	쎼	쏴	쐐	쐬	쒀	쒜	쒸	씌
째	쨰	쩨	쪠	쫘	쫴	쬐	쭤	쮀	쮜	쯰

※グレーの文字は、普段あまり使われません。

1 **잘 먹겠습니다.** チャル モッケスムニダ

いただきます。（←よく食べます）

2 **잘 먹었습니다.** チャル モゴッスムニダ

ごちそうさまでした。（←よく食べました）

3 **맛있게 드세요.** マシッケ ドゥセヨ

どうぞ召し上がってください。（←おいしく召し上がってください）

4 **많이 드세요.** マニ ドゥセヨ

ごゆっくりどうぞ。（←たくさん召し上がってください）

5 **배 불러요.** ペブルロヨ

おなかがいっぱいです。

6 **변변치 못했습니다.**

ピョンビョンチ モテッスムニダ

お粗末さまでした。

7時間目

鼻音と流音
のパッチム

鼻音と流音の
パッチムを覚えよう！

1時間目の「ハングルの構造」（P30）で少し触れましたが、ハングル文字の中には「②子音＋母音＋子音」の組み合わせがあります。最後の子音の「終声」を「パッチム」ともいいますが、パッチムとして使われるハングルの発音は初声のときと似て非なることもあります。

ここではパッチムを
①鼻音：ㄴ [n]、ㅁ [m]、ㅇ [ŋ]
②流音：ㄹ [l]
③閉鎖音：ㄱ・ㅋ [k]、ㄷ・ㅌ [t]、ㅂ・ㅍ [p] など

3つに分けて見ていきましょう。この7時間目では①と②を、8時間目で③をやります。まずは①鼻音と②流音です。

산 サン [san]山　　**밤** パム [pam]夜　　**강** カン [kaŋ]川　　**달** タル [tal]月

	パッチム	発音記号	発音	実際の文字
鼻音	ㄴ	[n]	「안」は「アンに」と発音するときの「アン」	간 난 단 란 만 カン ナン タン ラン マン
	ㅁ	[m]	「암」は「アンも」と発音するときの「アン」	감 남 담 람 맘 カム ナム タム ラム マム
	ㅇ	[ŋ]	「앙」は「アンが」と発音するときの「アン」	강 낭 당 랑 망 カン ナン タン ラン マン
流音	ㄹ	[l]	「알」の「ㄹ」は舌先を口の天井につけたままで離さない	갈 날 달 랄 말 カル ナル タル ラル マル

練習❶ 次の空欄を書き埋め、声に出して読んでみましょう。

	ㄴ [n]	ㅁ [m]	ㅇ [ŋ]	ㄹ [l]
가 カ[ka]	간			
나 ナ[na]		남		
다 タ[ta]			당	
라 ラ[ra]				랄
마 マ[ma]				
바 パ[pa]				
사 サ[sa]				
아 ア[a]				
자 チャ[tʃa]				
차 チャ[tʃʰa]				
카 カ[kʰa]				
타 タ[tʰa]				
파 パ[pʰa]				
하 ハ[ha]				

「カルビ」の法則
(有声音化②)

　初声として使われる平音の「ㄱ、ㄷ、ㅂ、ㅈ」は、鼻音のパッチム「ㄴ、ㅁ、ㅇ」や流音のパッチム「ㄹ」のうしろに続くとき、それぞれ日本語の濁音のように［g］、［d］、［b］、［ʤ］の発音に変わります。これを有声音化といいます。**「パボ」の法則**（P73）では、これら平音の「ㄱ、ㄷ、ㅂ、ㅈ」が母音のうしろに続くとき濁音になる、というものでしたね。それと同じことがパッチムのうしろでも起こります。

カルビ
갈비

「갈」は「カル」、「비」は［ピ］ですが、「비」は「갈」のパッチムの「ㄹ」の影響で［ピ］から［ビ］に変わり、「갈비」は［カルビ］と発音します。

　まとめると、こういうこと！

表記　**ㄴ ㅁ ㅇ ㄹ** ＋ **ㅂ ㄷ ㄱ ㅈ**
　　　　パッチム　　　　　　　初声の文字
　　　　　　　　　　　　　初声［b］　［d］　［g］　［ʤ］

> 発音のとき、いずれも有声音、つまり濁音に変わるよ！

공부 ［コンプ→コンブ］勉強　　　**감기** ［カムキ→カムギ］風邪

밴드 ［ペントゥ→ペンドゥ］バンド　　**반지** ［パンチ→パンジ］指輪

> 「불고기（焼き肉）」を「プルコキ」ではなく「プルゴギ」、「명동（明洞）」を「ミョントン」ではなく「ミョンドン」と読みますね。パッチム「ㄴ、ㄹ、ㅁ、ㅇ」の次に「ㄱ［k］、ㄷ［t］、ㅂ［p］、ㅈ［ʧ］」などが続くとき、それは有声音化して［g］、［d］、［b］、［ʤ］に変わるからです

練習❶ 次の単語を読みながら、書いてみましょう。

(1) 남대문

ナムデムン（南大門）

(2) 일본

イルボン（日本）

(3) 경찰

キョンチャル（警察）

(4) 사랑해

サランへ（愛してるよ）

(5) 농산물

ノンサンムル（農産物）

(6)

삼계탕 _____ _____ _____

サムゲタン(参鶏湯)

(7)

화장품 _____ _____ _____

ファジャンプム(化粧品)

(8)

동생 _____ _____ _____

トンセン(弟妹)

(9)

서울 _____ _____ _____

ソウル(ソウル)

(10)

봄 여름
가을 겨울 _____ _____ _____

ポム ヨルム カウル キョウル(春 夏 秋 冬)

練習❷ 有声音化されるものを選びましょう。

아버지 (お父さん)	강당 (講堂)
감자 (じゃがいも)	일본 (日本)
누구 (誰)	구두 (靴)

解答

すべて有声音化されます。아버지(お父さん)アボジ、강당(講堂)カンダン、감자(じゃがいも)カムジャ、일본(日本)イルボン、누구(誰)ヌグ、구두(靴)クドゥ。
아버지、누구、구두は「パボ」の法則、강당、감자、일본は「カルビ」の法則です。

練習❸ 次の単語を線で結びましょう。

ハングク ・	・ 남자
ッタルギ ・	・ 친구
ナムジャ ・	・ 한국
チング ・	・ 딸기

解答

ハングク — 한국
ッタルギ — 딸기
ナムジャ — 남자
チング — 친구

意味は、
남자(男性)、친구(友だち)
한국(韓国)、딸기(イチゴ)。

あいさつ語を覚えよう（その5）

1 안녕히 계세요. アンニョンヒ ゲセヨ
さようなら。（その場に残る人に対して）

2 안녕히 가세요. アンニョンヒ ガセヨ
さようなら。（去っていく人に対して）

3 안녕！ アンニョン
①バイバイ。②こんにちは。

4 안녕히 주무세요. アンニョンヒ ジュムセヨ
おやすみなさい。

5 안녕히 주무셨어요?
アンニョンヒ ジュムショッソヨ？
おはようございます。（←よくお休みになりましたか？）

ソウルの鐘路区（종로
구 チョンノグ）にある
光化門（광화문 クヮン
ファムン）のライトアッ
プはとても美しく、多
くの人が訪れます。

8 時間目

閉鎖音の
パッチム

閉鎖音の
パッチムを覚えよう!

ここでは、7時間目（P122）で分類した③**閉鎖音**について見ていきましょう。「ㄱ、ㅋ、ㄷ、ㅌ、ㅂ、ㅍ」などがパッチムとして使われるときは、息を出さずに発音するため**閉鎖音**といいます。文字の種類は多いですが、発音は「ク [k]」、「ッ [t]」、「プ [p]」の3つに集約されます。

빗 ピッ [pit]
(櫛)

빚 ピッ [pit]
(借金)

빛 ピッ [pit]
(光)

パッチムの文字は違っても
発音は同じだね!

	パッチム	発音記号	発音	実際の文字
閉鎖音	ㄱ ㅋ ㄲ	[k]	악、앜、앆は「アッカ」と言うときの「アッ」	책(チェク 本)、밖(パク 外)、부엌(プオク 台所)
	ㄷ ㅌ ㅅ ㅆ ㅈ ㅊ ㅎ	[t]	앋、앝、앗、았、앚、앛、앟は「アッタ」と言うときの「アッ」	곧(コッ すぐ)、밑(ミッ 下)、옷(オッ 服)、낮(ナッ 昼)、꽃(ッコッ 花)
	ㅂ ㅍ	[p]	압、앞は「アッパ」と言うときの「アッ」	밥(パプ 飯)、앞(アプ 前)

練習❶ 次の空欄を書き埋め、声に出して読んでみましょう。

	ㄱ[k]	ㄷ[t]	ㅂ[p]
가 カ[ka]	각		
나 ナ[na]		낟	
다 タ[ta]			답
라 ラ[ra]			
마 マ[ma]			
바 パ[pa]			
사 サ[sa]			
아 ア[a]			
자 チャ[tʃa]			
차 チャ[tʃʰa]			
카 カ[kʰa]			
타 タ[tʰa]			
파 パ[pʰa]			
하 ハ[ha]			

練習❶　　次の文字を線で結びましょう。

앞　악　압　악　앚　앋　앗　앝

・　・　・　・　・　・　・　・

[악]　　　　[앋]　　　　[압]
アク　　　　　　アッ　　　　　　アプ

解答

앞　악　압　악　앚　앋　앗　앝

[악]　　　[앋]　　　[압]

練習❷　　上の文字をパッチムとして読むとき、
　　　　　　実際の発音を下から選んで線で結びましょう。

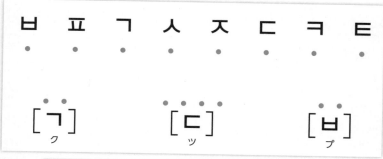

ㅂ　ㅍ　ㄱ　ㅅ　ㅈ　ㄷ　ㅋ　ㅌ

・　・　・　・　・　・　・　・

[ㄱ]　　　　[ㄷ]　　　　[ㅂ]
ク　　　　　　ッ　　　　　　プ

解答

ㅂ　ㅍ　ㄱ　ㅅ　ㅈ　ㄷ　ㅋ　ㅌ

[ㄱ]　　　[ㄷ]　　　[ㅂ]

7つのパッチム 発音の法則（終声の中和）

　P122、130 の表のように、表記においてはいろんなパッチムが使われますが、実際の発音は① ㄱ [k]、② ㄴ [n]、③ ㄷ [t]、④ ㄹ [l] ⑤ ㅁ [m]、⑥ ㅂ [p]、⑦ ㅇ [ŋ] の 7 つのみです。こういった発音の変化のことを、終声の中和といいます。

表記　　　　　発音

① ㄱ ㅋ ㄲ　　ㄱ [k]（ク）

国[국] 부엌[부억] 밖[박]
スープ　　台所　　外

パッチムの文字が違っても
発音は同じだね！

② ㄴ　　ㄴ [n]（ン）

산[산]　　논[논]
山　　　田んぼ

③ ㄷㅌㅅㅆㅈㅊㅎ　ㄷ [t]（ッ）

곧[곧] 밑[믿] 옷[옫]
すぐ　　下　　服

있다[읻따] 낮[낟] 꽃[꼳]
ある　　　昼　　花

④ ㄹ　　ㄹ [l]（ル）

달[달]　　말[말]
月　　　ことば

⑤ ㅁ　　ㅁ [m]（ム）

김[김]　　곰[곰]
海苔　　　熊

⑥ ㅂㅍ　　ㅂ [p]（ブ）

집[집]　　앞[압]
家　　　前

⑦ ㅇ　　ㅇ [ŋ]（ン）

방[방]　　빵[빵]
部屋　　　パン

練習❶　次の単語を読みながら、書いてみましょう。

(1)

여행
ヨヘン（旅行）

_____ _____ _____

(2)

도착
トチャク（到着）

_____ _____ _____

(3)

책
チェク（本）

_____ _____ _____

(4)

김밥
キムパプ（のり巻き）

_____ _____ _____

(5)

부엌
プオク（台所）

_____ _____ _____

(6)

팥빙수

パッピンス（かき氷）

(7)

옷

オッ（服）

(8)

타는 곳

タヌンゴッ（乗り場）

(9)

약국

ヤックク（薬局）

(10)

밥상

パプサン（食膳）

「パイナップル」の法則
（連音化）

「パイナップル（pineapple）」の「ナ」は、「パイン（pine）＋アップル（apple）」の音が変化したものですね。それと同じように韓国語でも、**パッチムがある文字の次に母音（「ㅇ」で表記）で始まる文字がくると、前のパッチムは次の音節の初声として発音されます。**これを**連音化**といいます。ただし、表記は変わりありません。

「単語」という
意味の

表記 **단어** 発音 [**다너**]
　　　　　　　　　　タ　ノ

パッチムの文字を次の音節の初声として発音

「道に」という
意味の

表記 **길에** 発音 [**기레**]
　　　　　　　　　　キ　レ

パッチムの文字を次の音節の初声として発音

ただし、**終声の文字（パッチム）が「ㅇ」のときは、連音化せずに発音**します。

「紙」という
意味の

表記 **종이** 発音 [**종이**]
　　　　　　　　　　チョン　イ

練習❶　　次の単語を読みながら、書いてみましょう。

(1)

일요일 _____ _____ _____
イリョイル（日曜日）

(2)

한국어 _____ _____ _____
ハングゴ（韓国語）

(3)

일본어 _____ _____ _____
イルボノ（日本語）

(4)

출입구 _____ _____ _____
チュリプク（出入り口）

(5)

산에서 _____ _____ _____
サネソ（山で）

二重パッチム

　ハングルの単語の中には、2つのパッチムからなる「**二重パッチム**」というものがあります。パッチムの文字が2つあっても、実際は、左か右のうちのひとつしか発音しません。

値段 **값** [갑] カプ　　　鶏 **닭** [닥] タク

> 二重パッチムは単語によって、左を読んだり、右を読んだりする

左の文字を読むもの

表記	発音	例
ㄱㅅ	ㄱ	삯[삭] サク 賃金
ㄴㅈ ㄴㅎ	ㄴ	앉다[안따] アンタ 座る
ㄹㅂ ㄹㅎ	ㄹ	여덟[여덜] ヨドル 八つ
ㅂㅅ	ㅂ	값[갑] カプ 値段

右の文字を読むもの

表記	発音	例
ㄹㄱ	ㄱ	닭[닥] タク 鶏
ㄹㅁ	ㅁ	삶[삼] サム 生

> 数字の27に似ている27や20に似ている20は右を読めばいいんだ

　ただし、**①うしろに母音が続くとき→右のパッチムが連音化してふたつとも発音する。**

맑음 [말금] マルグム 晴れ　　앉아 [안자] アンジャ 座って　　넓어 [널버] ノルボ 広くて

　②うしろに子音が続くときは、濃音化したり、激音化したりする。

앉다 [안따] アンタ 座る　　많다 [만타] マンタ 多い

練習❶ 　次の単語を読みながら、書いてみましょう。

(1) 　**닭**

タク（鶏）

(2) 　**괜찮다**

クェンチャンタ（大丈夫だ）

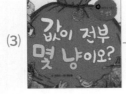
(3) 　**값**

カプ（値段）

(4) 　**여덟**

ヨドル（八）

(5) 　**없어요**

オプソヨ（ありません）

あいさつ語を覚えよう（その6）

1 **어서 오세요.** オソ オセヨ
いらっしゃいませ。

2 **다녀오겠습니다.** タニョ オゲッスムニダ
行ってきます。

3 **다녀왔습니다.** タニョ ワッスムニダ
ただいま。

4 **다녀오세요.** タニョ オセヨ
行ってらっしゃい。

有名なソウルの観光地・仁寺洞（인사동 インサドン）にある曹渓寺（조계사 チョゲサ）というお寺では、秋口には菊祭りが開かれます。

ハングルで
気持ちを伝えよう!

　読み書きがマスターできたら、新しくできた友だちや気になるアイドルに自分のプロフィールカードを渡してみませんか?

　ここでは、0時間目で覚えたハングルで、自分の名前や気持ちを表す単語などを書くコツを紹介します。手づくりのカードを渡すことで、名前を覚えてもらい、SNSでもつながりやすくなるはず。プレゼントを渡すときは、ぜひ巻末のカードに手書きで自分のことを書いてさりげなく添えてみてください。

私の名前は
山田花子です

メール
Instagram
X(旧 Twitter)

日本人です

내 이름은
야마다 하나코
예요

일본
사람이에요

✉ 1jikanhangul@gakken.com

◎ @1jikanhangul

✖ @1jikanhangul

#맞팔환영 #인친해요 #먹스타그램

항상 응원하고 있어요!

いつも応援しています

#相互フォロー歓迎　　#友だちになろう　　#モクスタグラム
　　　　　　　　　　　　　　　　　　　　　　（食べ物専門アカウント）

○○さんへ
○○씨!

日本から来ました!
일본에서 왔어요!

보고 싶었어요

会いたかったです

내 이름은 **야마다 하나코** 예요

私の名前は山田花子です

✉ 1jikanhangul@gakken.com

Ⓘ @1jikanhangul

メール
Instagram

항상 응원하고 있어요!

いつも応援しています!

　名前、メールアドレス、SNSなどの情報を書きましょう。韓国人はSNSをよく活用しているので、SNSのメッセージ機能を使用することも多いです。

　名前はいきなり書くとわかりづらいので、「**私の名前は○○です**」の意味の「**내 이름은 ○○ 예요**」(ネ イルムン ○○ エヨ)と書くといいでしょう。

　そして、「**보고 싶었어요!**」(ポゴ シポッソヨ　**会いたかったです**)や「**항상 응원하고 있어요!**」(ハンサン ウンウォナゴ イッソヨ　**いつも応援しています!**)といった気持ちを伝えるフレーズをいっしょに書き添えましょう。長文で書くのももちろんいいですが、フレーズだとダイレクトに気持ちが伝わります。

　このほかにも、いつも使っているInstagramのハッシュタグなどをつけると、自分が何をしている人なのか、どういうことに興味があるのかを端的に伝えることができます。

メッセージカードの書き方

姓名

P10〜11を見ながら自分の名前のハングル表記を書きます。「姓」と「名」の間は少しあけましょう。

アドレス

メールアドレスやSNSのアドレスを入れましょう。韓国ではカカオトークやInstagramを使用している人が多いです。電話番号を入れる場合は、「03」「080」といった番号の最初の「0」を取って、国番号「+81」を書けばOKです。

住所を入れる場合は、日本での住所表記と同様の順番でかまいません。都道府県や市といった行政区域ごとに間をあけましょう。

あいさつ

안녕하세요?（アンニョンハセヨ?）
　こんにちは

헬롱!（ヘルロン）
　ハロー! ※SNSでよく使われる表現

또 만나요!（ット マンナヨ）
　また会いましょう!

안녕!（アンニョン）
　①こんにちは　②バイバイ!

생일 축하해요!（センイル チュカヘヨ）
　お誕生日おめでとう!

감사합니다.（カムサハムニダ）
　ありがとうございます。

고마워!（コマウォ）
　ありがとう!

自己紹介

일본 사람이에요.（イルボン サラミエヨ）
　日本人です。

일본에서 왔어요.（イルボネソ ワッソヨ）
　日本から来ました。

내 이름은 〇〇예요.（ネ イルムン〇〇エヨ）
　私の名前は〇〇です。

〇〇팬이에요.（〇〇ペニエヨ）
　〇〇のファンです。

そのほか

보고 싶었어요!（ポゴ シポッソヨ）
　会いたかったです。

항상 응원하고 있어요!
（ハンサン ウンウォナゴ イッソヨ）
　いつも応援しています!

선물이에요!（ソンムリエヨ）
　プレゼントです。

일본에서 사 왔어요.（イルボネソ サ ワッソヨ）
　日本で買ってきました。

너무 이뻐요!（ノム イッポヨ）
　とてもかわいいです!

너무 멋있어요!（ノム モシッソヨ）
　とてもかっこいいです!

#맞팔환영（マッパルファンニョン）
　相互フォロー歓迎

#인친해요!（インチネヨ）
　友だちになろう!

#좋아요!（チョアヨ）　いいね!

#먹스타그램（モクスタグレム）
　モクスタグラム（食べ物専用アカウント）

#카페스타그램（カペスタグレム）
　カフェスタグラム（カフェ専用アカウント）

SNSで使用する言葉は日々進化をしています。韓国語の"今"を入れつつ、自分の連絡先や気持ちを伝えてみましょう

著者 チョ・ヒチョル

日本薬科大学韓国薬学コース客員
教授。ハングル普及会「お、ハン
グル！」主宰。元東海大学教授。
NHK「テレビでハングル講座」
（2009〜2010年度）講師。著書
に『1時間でハングルが読めるよ
うになる本』『マンガでわかる！
1時間でハングルが読めるように
なる本』『3語で韓国語会話がで
きる本』『1日でハングルが書け
るようになる本』『ヒチョル式韓
国語単語がわかる本』（すべて
Gakken）、『本気で学ぶ韓国語』
（ベレ出版）『ヒチョル先生の ひ
とめでわかる 韓国語 きほんのき
ほん』（高橋書店）など多数。

ハングル文字が書けるようになったら、
楽しいこともももっともっと増えるはずです。
ハングル名刺を作ってみたり、
自分の気持ちをハングルで
書いてみたりしましょう！

ヒチョル式
超簡単ハングル講義

1日で
ハングルが
書けるように
なる本 改訂版

著者	チョ・ヒチョル
ブックデザイン	高橋コウイチ（WF）
DTP	アスラン編集スタジオ
編集	玉置晴子
イラスト	春原弥生、石玉サコ
校正	東京出版サービスセンター
	後藤知代
	小川ゆきな